Magische Gegenstände für Anfänger

Zauberstäbe, Schlangenringe
Spiritus familiaris, Talismane und mehr

Kontakt: www.HarryEilenstein.de / Harry.Eilenstein@web.de

Impressum: Copyright: 2011 by Harry Eilenstein – Alle Rechte, insbesondere auch das der Übersetzung, vorbehalten. Kein Teil des Buches darf ohne schriftliche Genehmigung des Autors und des Verlages (nicht als Fotokopie, Mikrofilm, auf elektronischen Datenträgern oder im Internet) reproduziert, übersetzt, gespeichert oder verbreitet werden.

Herstellung und Verlag: BoD - Books on Demand, Norderstedt

ISBN: 9783751970433

für Ptah

Inhaltsverzeichnis

I Gegenstände in der Magie

In der Magie gibt es wie im Kult und in der Religion eine Vielzahl von Gegenständen, die verwendet werden und die magische Eigenschaften haben. Oftmals werden sie auf besondere Weise hergestellt oder haben eine spezielle Symbolik.

Am bekanntesten ist sicherlich der Zauberstab, aber auch von magischen Ringen, Zauberer-Gewändern, Tempeln, geweihten Statuen u.ä. hat schon fast jeder einmal gehört.

Spätestens seit den magischen Ringen im „Herrn der Ringe" und den magischen Schwertern, Umhängen, Steinen, Stäben, Horcruxen usw. in „Harry Potter" ist die Vorstellung von magischen Gegenständen mit besonderen Eigenschaften weit verbreitet. Viele dieser Vorstellungen gehen auf die Kelten und die Germanen zurück, in deren Mythen und Sagen man sie zuhauf wiederfinden kann.

Es ist natürlich die Frage, ob es tatsächlich Gegenstände gibt, die aus sich heraus magische Eigenschaften haben. Es gibt sie.

Die zweite Frage ist dann logischerweise, wie man solche Gegenstände finden oder herstellen kann.

Eine weise dritte Frage wäre, wozu solche Gegenstände nütze sind und ob es wirklich Vorteile hat, solche Gegenstände zu besitzen.

Diese drei Fragen (und einige Aspekte rings um diese Fragen herum) sollen in diesem Buch näher untersucht werden.

II Allgemeine Symbolik

Zunächst einmal gibt es einige magische Gegenstände, die so häufig in den Mythen und Sagen und auch als realer Gegenstand in der Archäologie auftauchen, daß man sie als Urbilder auffassen kann.

II 1. Traditionelle Symbolik

Ein Teil dieser magischen Gegenstände kann man der Religion, der Mythologie und dem Kult zurechnen. Das bedeutet nicht, daß sie keine oder besonders große magischen Eigenschaften haben, sondern nur, daß sie fest in einen sozial-religiösen Zusammenhang eingebettet sind.

Es gibt natürlich eine große Anzahl an verschiedenen Traditionen, in denen solche Gegenstände vorkommen: Judentum, Christentum, Islam, Hinduismus, Buddhismus, Altägypten, Germanen, Kelten, sibirische Völker, Voodoo, Mayas, Azteken, Qetchua („Inkas"), Inuit („Eskimos"), Bantus usw.

Einige Symbole kommen bei praktisch allen Völkern vor und sind daher die grundlegenden Symbole – auch in der Magie.

Im Folgenden können natürlich nicht alle symbolischen Gegenstände aufgeführt und betrachtet werden, die es gibt, sondern nur eine kleine Auswahl – aber diese Auswahl wird hoffentlich für ein solides Grundverständnis von „magischen Gegenständen mit traditioneller Symbolik" ausreichen.

II 1. a) Die Schwitzhütte

Der älteste bekannte magische Gegenstand ist die Schwitzhütte. Sie ist vor ca. 600.000 Jahren entstanden, als der Homo erectus in dem kalten Nord-Eurasien während der Eiszeit beheizte Hütten brauchte, um zu überleben.

Die unbeheizte Version dieser Hütten ist bereits vor 1.900.000 Jahren in Benutzung gewesen – von ihnen sind einige steinernen Fundamente erhalten geblieben. Sie bestanden aus einer flachen, ringförmigen Mauer aus übereinander gelegten Steinen, auf der ein halbkugelförmiges Dach aus Ästen und Fellen stand.

Die vor 600.000 Jahren erfundene Heizung war einfach: Vor der Hütte wurden in einem Feuer Steine zum Glühen gebracht, die dann mit dem Schulterblattknochen eines erlegten Tieres o.ä. in eine kleine Grube in der Mitte der Hütte gebracht wurden.

Bei Bedarf goß man noch etwas Wasser über die glühenden Steine, sodaß es in der Hütte richtig heiß wurde.

Diese Hütten sind vermutlich schon damals mit dem Bauch der Mutter assoziiert worden. Es war also nicht viel dafür nötig, den Mutterbauch nicht nur zu assoziieren, sondern sich gezielt auf ihn zu konzentrieren – wodurch das Schwitzhütten-Ritual entstanden war.

Die ersten Tempel der Menschen, die am Ende der Eiszeit vor 12.000 Jahren in Nordmesopotamien in Göbekli Tepe errichtet worden sind, hatten noch immer dieselbe Form: eine kreisförmige Mauer mit einem halbkugelförmigen Dach aus Ästen und Fellen. Das Bild des Mutterbauches ist damals jedoch architektonisch wesentlich detailreicher dargestellt worden:

- ein äußerer Steinring mir Dach = der Mutterbauch
- ein innerer Steinring mit Dach = das Kind im Mutterbauch (dort saßen die Ritual-Teilnehmer)
- deine Verbindungsmauer zwischen beiden Ringen = die Nabelschnur
- ein Gang zum äußeren Steinring = die Vagina der Mutter
- eine Loch-Steinplatte vor dem Steinring = der Eingang zur Vagina

In dem Tempel fanden sich noch fünf weitere Elemente, die auch von den heutigen Schwitzhütten gut bekannt sind:

- meist acht stilisierte Menschen in Form von eckigen Pfeilern = Ahnen (in der einfachen Schwitzhütte sind die die senkrechten Stäbe in dem Schwitz-hütten-Gestell)
- zwei Pfeiler in der Mitte des inneren Steinkreises = Körper und Seele
- zwei Panther am Eingang – die Tiere der Muttergöttin (die Kraft und der Jagderfolg für die damaligen Jäger)
- Tiere als Reliefs und Statuetten = Vögel (Seelen), Raubtiere (Kraft), Her-dentiere (Fruchtbarkeit), Schlangen (Ahnen) (dieselben Tiere finden sich auch noch in den heutigen Schwitzhütten-Ritualen)
- die Muttergöttin als Relief oder Statuette = Mutter

Diese Schwitzhütten-Tempel sind während der Jungsteinzeit auf vielerlei Weise weiterentwickelt worden:

- zu Steinkreisen = die Stein-Pfeiler in dem Steinkreis wurden zu den Menhir-Kreisen, der Gang wurde zur Stein-Allee, die beiden Panther am Eingang wurden zu den beiden großen Menhiren am Anfang der Steinreihe, die zu dem Steinkreis führt, die beiden großen Pfeiler in der Mitte des Innenkreises wurden zu den beiden großen Pfeilern in der Mitte der Menhir-Kreise

- zu Tempeln = die ältesten Tempel waren Räume, zu denen ein Gang führte („Gangtempel")

- zu Hügelgräbern = die halbkugelförmigen Tempel mit dem Gang zum Inneren wurden zu halbkugelförmigen Hügeln mit einem Gang zu der Grabkammer im Inneren

- zur Pyramide = die Stein-Ringmauer und das Hügelgrab wurden eckig und der Gang wurde zu dem überdachten Weg, der von dem Taltempel zu der Pyramide führt (bei der ägyptischen Pyramiden-Version)

- Götterstatuen = Weiterentwicklung der Statuen der Muttergöttin, der Ahnen und der Tiere

In späterer Zeit wurden aus der Schwitzhütte durch Fortlassen der magisch-religiösen Aspekte die Thermen, Bäder und Saunen.

II 1. b)   Der Stab

Das zweitälteste bekannte Symbol ist der Vogelstab. Er wurde vom Homo sapiens spätestens vor 100.000 Jahren in seiner ursprünglichen Heimat in Mittelafrika erfunden. Möglicherweise ist dieses Symbol jedoch auch noch deutlich älter. Es findet sich in allen Kulturen. Die älteste Darstellung stammt aus den Höhlenmalereien in Südfrankreich vor 25.0000 Jahren. In Göbekli Tepe finden sich vor 12.000 Jahren aus Stein gefertigte Vogelstäbe, was zeigt, wie wichtig dieses Symbol damals in der Kultur der Schwitzhütten-Tempel gewesen sein muß.

Diese Symbole bestehen aus einem Stab, auf dem oben ein Vogel sitzt. Sie stellen einen Menschen (Stab) und dessen Seele (Vogel) dar.

Die Seele wird weltweit als Vogel, Mensch mit Vogelkopf, Mensch mit Vogelgewand, Vogel mit Menschenkopf, Mensch mit Flügeln (Engel) usw. dargestellt, weil man bei einem Nahtod erlebt, daß man den eigenen Leib verläßt und über ihm schwebt und ihn folglich von oben her betrachten kann („Astralreise"). Dadurch erkennt man, daß der Mensch mehr als nur sein Körper ist. Das, was man bei einem Nahtod erlebt, ist offenbar etwas, das schweben und fliegen kann – es ist also „wie ein Vogel" und konnte somit am besten als Vogel dargestellt werden: der Seelenvogel.

Aus diesen Vogelstäben wurden dann ab der späten Altsteinzeit vor 50.000 Jahren, als der Homo sapiens in Eurasien auf den Homo erectus und den Neandertaler traf, der Totempfahl. Dies ist einfach eine größere Variante des Vogelstabes: ein Baumstamm, auf dem oben ein hölzerner Vogel sitzt.

Solch ein Baumstamm lud geradezu dazu ein, auf ihm noch weitere Symboliken darzustellen wie die Schlangen (Kundalini), die Ahnen (Totenköpfe), die Muttergöttin usw. Dadurch sind schon in der späten Altsteinzeit Totempfähle mit komplexer Symbolik entstanden, die dann aus der Zeit von Göbekli Tepe als steinerne Totempfähle erhalten geblieben sind.

Aus diesen Vogelstäben wurden dann die ersten „religiösen Szepter", die sich in Göbekli Tepe als die steinernen Stäbe mit Vogelkopf finden. Dies waren die ersten Vorläufer der „Zauberstäbe". Möglicherweise hat es solche Vogelstäbe auch schon in der späten Altsteinzeit als Symbol der Schamanen gegeben.

Als sich in der Jungsteinzeit eine immer komplexere Mythologie entwickelt hat, die die Welt der Ackerbauern beschreiben sollte, die im Vergleich zu der Welt der früheren Jägern sehr viel komplexer war, hat sich auch der Vogelstab weiterentwickelt.
Der Stab wurde u.a. mit dem Weltenbaum assoziiert, der die Verbindung zwischen Himmel und Erde gewesen ist. Er war daher der Schamanenstab, der Seherstab und der Zauberstab – ein Zeichen, daß der Träger dieses Stabes die Astralreise kannte und in der Lage war, einen bewußten Kontakt zu den Göttern und Ahnen im Jenseits aufzunehmen und sie erfolgreich um Rat und Hilfe für die Lebenden zu bitten.
Der Vogelstab war ein „tragbarer Weltenbaum", ein „tragbarer Totempfahl".

Im Königtum wurde der Vogelstab zu dem Szepter der Könige, das die Verbindung der Könige mit den Göttern dargestellt hat. Aus den Ahnen-Pfeilern wurden in dieser Epoche die Statuen der Götter und der Verstorbenen sowie die Säulen in den Tempeln.
Die Zauberstäbe der Magier haben also eine lange Vorgeschichte.

II 1. c) Der Totenkopf

Mit Totenköpfen wird heute in der Magie meistens Schwarze Magie assoziiert. Es gab jedoch seit spätestens der Jungsteinzeit die Tradition, die Totenschädel der Verstorbenen in einer Nische in der Wand des Wohnhauses aufzubewahren, um mithilfe dieser Schädel Kontakt zu den Toten aufnehmen zu können.
Aus dieser Tradition stammen u.a. der Totenkult, die spiritistischen Sitzungen und die systemischen Familienaufstellungen.
Es hat bis ins mittelalterliche Christentum hinein die Tradition gegeben, aus den Schädeln von besonderen Verstorbenen wie z.B. Heiligen zu trinken, um von ihnen einen Segen zu erhalten. Im tibetischen Buddhismus gibt es diese Tradition noch

heute.

Von diesem Brauch leitet sich das mythologische Motiv der sprechenden Totenschädel ab, das vor allem von den Kelten (Bran), den Germanen (Tyr-Mimir) und von den Griechen (Orpheus) bekannt ist.

II 1. d) Verschiedenes

Man könnte nun ein dickes Buch über die verschiedensten Symbole sowie ihre Bedeutung und Entwicklung schreiben, was allerdings den Rahmen des vorliegenden Buches sprengen würde. Daher werden im Folgenden lediglich ein paar der bekannteren Symbole aufgeführt, um das Prinzip und die Vielfalt der traditionellen Symbole zu veranschaulichen.

Ahnenstatuen finden sich in fast allen Kulturen. Sie sind ursprünglich eine Art Zweitkörper für die Toten gewesen, in die man die Toten hineinrufen konnte, wenn man mit ihnen sprechen wollte. Diese Statuen sind an die Stelle der Schädel der Toten getreten.

Der Grabstein ist eine Variante des Ahnen-Menhirs. Auch er ist recht weit verbreitet – vor allem in dem Bereich, in dem einst die Erbauer der Megalith-Anlagen gesiedelt haben.

Auch das Kreuz ist eine Variante des Ahnensteins. Schon in Göbekli Tepe finden sich Darstellungen eines Menschen, der oben auf einem Schwitzhütten-Tempel steht. Dies ist der Vorläufer des Kreuzes auf dem Schädelberg. Auch die Wikinger errichteten für ihre Toten einen Hügel und setzten obenauf einen Pfosten oder einen Stein mit einer Inschrift für den Toten.

Der Totempfahl ist teilweise umgedeutet worden. So wurde er zu einem Symbol des Weltenbaumes (Germanen: Irminsul) oder zu dem Symbol eines Sonnenstrahles (Ägypter: Obelisk) – beides sind Symbole der Verbindung zwischen Himmel und Erde, zwischen Göttern und Menschen.

Ein solcher ägyptischer Obelisk steht u.a. in der Mitte des Petersplatz in Rom, also im geographischen Zentrum des Christentums. Wenn man einmal die Gelegenheit hat, sich in Rom diesen Obelisken anzuschauen und seine Qualität zu spüren, sollte man diese Möglichkeit nicht ungenutzt lassen. Die Kraft in diesem Obelisken ist wirklich beachtlich und vor allem der „Sog nach oben" in ihm – er wirkt wie eine Nabelschnur zwischen Himmel und Erde.

Ein ähnliches Zentral-Symbol ist die Ka'aba in Mekka. Solche Zentralsymbole gibt es vor allem in den monotheistischen Religionen – zwei weitere Beispiele dafür sind z.B. der Tempelberg in Jerusalem und der Goldene Tempel der Sikhs in Amritsar. Naturgemäß sind solche Orte sehr stark „aufgeladen".

Ein ganz anderes Symbol ist der Spitzhut. Er kam um spätestens 1500 v.Chr. in der Megalithkultur in Westeuropa in Gebrauch und wurde auch von den Germanen und vermutlich ebenso von den Kelten übernommen. Diese hohen, mit Goldfolie überzogenen Hüte wurden wahrscheinlich von den damaligen Sonnenpriestern getragen. Sie waren wie die Kronen der Könige in Ägypten, im mittelalterlichen Europa, in Mittelamerika und in anderen Kulturen und auch die goldenen Stirnbänder einiger germanischer Fürsten Symbole der Verbindung zu dem Sonnengott, also zu der obersten Gottheit.
Diese Spitzhüte finden sich in vereinfachter Form ohne Goldbelag auch noch 2000 Jahre später bei den germanischen Göttern. Vermutlich sind sie die Brücke zu der mittelalterlichen Vorstellung, daß die Zauberer hohe Spitzhüte tragen – eine Vorstellung, die in neuerer Zeit durch die „Harry Potter"-Bücher wiederbelebt worden ist.

Recht weit verbreitet sind Votivbildchen aller Art. Sie sind im Prinzip Briefe an die Götter und an die Ahnen und enthalten eine Bitte an sie. Dies können einfach beschriebene Zettel in einem Heiligenhäuschen sein, gravierte Tafeln in einer Grabkammer oder dünne, mit einem Bild geprägte Goldbleche, wie sie die Germanen an den Wänden ihrer Tempel angebracht haben.
Man kann auch Tempelbilder, die germanischen Tempel-Schilde mit mythologischen Szenen und selbst noch die Höhlenmalereien aus der späten Altsteinzeit zu diesem Themen-Bereich zählen.

Eine ganz ähnliche Funktion hat das Entzünden einer Kerze. Weil das Feuer zerstört, also „tötet", ist es schon seit der Jungsteinzeit als Tor in das Jenseits aufgefaßt worden. Das Entzünden einer Kerze öffnet also das Tor in das Jenseits, sodaß die Götter und Ahnen einem zuhören können.
Dieselbe Symbolik findet sich bei der Feuerbestattung, bei den „ewigen Feuern" in den Tempeln verschiedener Völker oder bei dem gewaltigen Feuer im Zentrum des Tempels, in dem die Mysterien von Eleusis abgehalten wurden.

Ein nur auf den ersten Blick eher spezielles Symbol ist die Oblate in der Eucharistie (Abendmahl). Sie stellt Christi Leib dar. Diese Symbolik geht auf den Kannibalismus zurück, der einst weit verbreitet gewesen ist. Der Kannibalismus diente keineswegs der Ernährung, sondern der Erhaltung der Kraft und der Qualitäten eines besonderen Toten für die Sippe, die ihn verspeiste.

Dieser Brauch findet sich u.a. bei den alten Ägyptern („Kannibalismus-Hymne" in den Pyramidentexten), bei den Skythen (ein Volk der Indogermanen), in Resten bei den Germanen, bei den Anasazi in Nordamerika, in Ozeanien, in China usw. Der rituelle Kannibalismus läßt sich bis in die Altsteinzeit zurückverfolgen – die frühesten Hinweise sind 800.000 Jahre alt.

Die Oblate wird aus Mehl gebacken, was zumindestens in symbolischer Hinsicht darauf zurückgeht, daß der Totengott einst auch der Korngott gewesen ist – daher war das Getreide in Nordafrika, im Nahen Osten, in Weuropa, in Asien und in Mittelamerika der Leib des Totengottes. In unserer heutigen Kultur ist davon nur noch der Sensenmann geblieben (Getreideernte = Tod).

Es gibt auch Symbole wie den Vajra, die sich im Laufe der Zeit weiterverwandelt haben. Ursprünglich ist der Vajra um ca. 8500 v.Chr. in Mesopotamien, also zu Beginn des Ackerbaus und der Viehzucht, das Blitzbündel in der Hand des Himmelsgottes gewesen.

Diese Symbolik hat sich lange Zeit halten können und findet sich bei verschiedenen mesopotamischen Himmelsgöttern, bei dem griechischen Zeus, bei dem indischen Indra usw.

Schon bei den Indogermanen hat sich aus dem einfachen Bündel ein symmetrisches Bündel gebildet, das aus vier äußeren und einem zentralen Blitz bestand.

Da man in der Jungsteinzeit Meteoriten für herabgefallene Teile des Himmels hielt und diese Meteoriten vor allem aus Eisen bestanden, hat man die Priesterstäbe damals aus Eisen geschmiedet – schließlich sollten sie seinen Träger mit dem Himmel verbinden. Auch die Krone und der Thron der Pharaonen im Jenseits ist den Pyramidentexten zufolge aus Eisen.

Daraus ergab sich, daß die germanischen Seherinnen eiserne Seher-Stäbe trugen, die oben aus vier Eisenbögen bestanden, die sich an der Spitze wieder trafen – eiserne Blitzbündel-Stäbe.

Bei den Indern entwickelte sich dieses Symbol etwas anders weiter: Das Bündel blieb erhalten – also ein „Griff" in der Mitte und je vier Bögen plus ein Zentralstrahl in der Mitte an beiden Seiten. Aus dem Blitzbündel des Indra wurde dann nach und nach das Schöpfungssymbol des Buddhismus.

Wie gesagt – diese Liste ließe sich fast endlos weiterführen. Das Ziel dieses Abschnitts ist jedoch lediglich zu zeigen, wie weit verbreitet magische Gegenstände in Religion, Kult und Magie sind – und daß es wichtig ist, auch die Geschichte dieser Symbole zu kennen.

II 1. e) Lebenskraft-Symbole

Von besonderer Bedeutung sind schließlich noch die Symbole der Lebenskraft, die sowohl im religiösen Kult als auch in der Magie verwendet werden. Dies ist vor allem der Weihrauch, der von den Ägyptern „Se-netjer" genannt worden ist, d.h. „das, was göttlich macht" – das Verbrennen von Weihrauch vor einer Staute ruft nach den damaligen Vorstellungen zufolge die Gottheit bzw. die Seele des Verstorbenen in diese Statue hinein.

Heute wird das Verbrennen von Weihrauch eher allgemein als „Weihung" aufgefaßt. Der bei den Indianern übliche Weihrauch ist der Tabak, der geraucht wird. Dabei ist der Pfeifenkopf die Gottheit, der Stiel der Pfeife der Lebensbaum und der rauchende Mensch derjenige, der über den Stiel den Segen der auf dem Pfeifenkopf dargestellten Gottheit erhält.

Eine zweite Lebenskraft-Symbolik ist der Ritual-Trank. Seine Symbolik ist sehr wahrscheinlich deutlich älter als die Weihrauch-Symbolik, die letztlich auf der Vorstellung eines Jenseitstores aus Feuer beruht – das Abbrennen des Weihrauchs ist ein Mini-Feuer.

Der Ritual-Trank ist ursprünglich die Milch der Mutter gewesen, die Nahrung und Geborgenheit gibt. Diese Symbolik wird so alt wie die Säugetiere sein. Aus der Milch ist dann der rituell aus Mich und Honig hergestellte Trank geworden, der die Wiedergeburt im Jenseits symbolisiert hat und daher von den Griechen „Nektar ambrosia" und von den Indern „Soma amrita", d.h. „Unsterblichkeitstrank" genannt worden ist. Auch der Göttermet der Germanen und der Kelten hat diese Symbolik und ebenso der Trank im Kult der ägyptischen Hathor oder der Balché-Trank der Mayas. Dieser Trank ist die Milch der Muttergöttin.

Dies ist u.a. auch der Ursprung des Abendmahl-Weines, des Lebenselixieres der Alchemisten und der Zaubertränke der Magier und Hexen.

II 1. f) Kornkreise

Es gibt noch eine weitere allgemeine Symbolik, deren Entstehung noch ungeklärt ist: die Kornkreise. Man könnte sie vermutlich am ehesten als „kollektive Telekinese, durch die Urbilder sichtbar werden" beschreiben.

In den Kronkreisen finden sich viele allgemeine Strukturen und Symbole wie Teile des kabbalistischen Lebensbaumes, die Dreigliederung der Anthroposophen, die Mandelbrot-Menge und die Julia-Menge aus der Fraktal-Theorie u.ä.

Man könnte daher auch die Kornkreise in einem recht weit gefaßten Sinne zu den magischen Gegenständen rechnen.

II 2. Hilfsmittel in der Magie

Neben den traditionellen magischen Gegenständen gibt es auch spezielle Gegenstände, die vor allem in der Magie benutzt werden.

II 2. a) Zauberstab

Am wichtigsten ist sicherlich der Zauberstab, dessen Geschichte schon dargestellt worden ist.

II 2. b) Gewand u.ä.

Neben dem ebenfalls schon beschriebenen Spitzhut findet sich noch das weite Gewand der Zauberer, da u.a. von den Priestern der Kelten (Druiden) und den Priestern der Germanen (Diar, Gode) bekannt ist und das zusammen mit dem Spitzhut das mittelalterliche Bild des Magiers geprägt hat.

Weniger bekannt sind der Ring, die Handschuhe und der Gürtel, die die drei Abzeichen eines germanischen Priesters gewesen sind.

II 2. c) Tempel

Ein Magier braucht zunächst einmal keinen Tempel. Dies wird nur bei bestimmten Gruppenritualen von der Schwitzhütte bis hin zum Logentreffen notwendig – man braucht einen Ort, an dem man sich versammeln kann.

Es liegt nahe, daß dann auch diesem Ort selber eine magische Qualität zugeschrieben wird bzw. daß man dafür sorgt, daß er eine solche Qualität erhält.

II 2. d) Statuen

In der Magie werden nicht notwendigerweise Statuen verwendet, aber es kommt durchaus vor. Das hängt zu einem großen Teil von dem Magie-Stil des betreffenden Magiers oder der Hexe ab.

II 2. e) Talismane u.ä.

Neben den Gegenständen wie Tempeln und Statuen, die jedem Betrachter auch ohne spezielle Erläuterung mehr oder weniger verständlich sind, gibt es auch noch die individuellen magischen Gegenstände, die oft eine sehr spezielle Funktion haben wie Talismane, Amulette, Kristalle u.ä.

Es gibt auch Sammlungen magisch bedeutsamer Gegenstände wie die Medizinbeutel der Indianer, die kleinen Götterstatuetten der Germanen, die in einem Lederbeutel an einer Schnur um den Hals getragen werden, die Bilder von Heiligen im Auto oder auf dem Hausaltar (oft Maria, Christus, Christopherus) usw.

Diese Sammlungen kleiner magischer Gegenstände sind sozusagen „Miniatur-Tempel", die man in der Tasche bei sich tragen kann.

II 2. f) Technische Hilfsmittel

Schließlich werden in der Magie noch verschiedene „technische Hilfsmittel" benutzt, zu denen der magische Spiegel, die Kristallkugel, das Quija-Brett, die Tarotkarten, die Schafgarbenstengel des I Ging und ähnliches gehören.

In manchen Fällen werden diese Gegenstände als geweiht angesehen wie z.B. der Spiegel und die Kristallkugel – in anderen Fällen werden sie einfach als Hilfsmittel aufgefaßt wie z.B. die Tarotkarten.

II 2. g) Totenschädel u.ä.

In der Magie können natürlich auch alle traditionellen religiösen Gegenstände wie z.B. die schon beschriebenen Totenschädel verwendet werden.

III   Persönliche Umstände

Neben der magisch-mythologisch-religiösen Tradition der Symbole gibt es auch noch die individuelle Prägung – so wie in allen anderen Bereichen auch gibt es diese individuellen Qualitäten und Vorlieben auch in der Magie.

III 1.   Horoskop

Am prägendsten ist zunächst einmal das eigene Horoskop – und das Horoskop zeigt auch, welches Verhältnis man zu magischen Gegenständen hat.

Bei diesem Thema sind zunächst mal drei Fragen wichtig: Wo steht die Sonne? Wo steht der Aszendent? Und was steht im 2. Haus?

Das Sonnenzeichen zeigt, was man generell anstrebt – der Steinbock strebt eine feste Form an, der Stier einen geschützten Bereich … beides sind Ansätze, die dazu geneigt machen, Magie in Gegenstände zu binden.

Ein Stier-Aszendent zeigt hingegen, daß man generell in Gegenstand-Begriffen denkt. Für jemand mit einem Fische-Aszendenten ist hingegen alles im Fluß und daher wenig gegenständlich. Für einen Zauberer mit einem Wassermann-Aszendenten zählt hingegen vor allem die Erkenntnis und die Weltformel.

Die Planeten im 2. Haus zeigen schließlich ganz konkret, wie man mit Substanz umgeht. Wenn sich dort eine Saturn/Neptun-Konjunktion befindet, wird der Betreffende sicherlich die magischen Kräfte (Neptun) in die traditionell (Saturn) vorgesehenen Gegenstände (2. Haus) bannen wollen.

Wenn jemand zwar den Saturn im 2. Haus stehen hat, aber der Saturn ein Quadrat zum Pluto hat, wird der Betreffende nichts Wesentlichem (Pluto) eine feste Form (Saturn) geben können und wollen.

Aufgrund der Komplexität der Astrologie könnte man mühelos nur über diesen Aspekt der magischen Gegenstände ein eigenes Buch schrieben. Der wichtige Punkt ist jedoch vor allem, daß jeder aufgrund seines Horoskops eine andere Vorliebe für den Umgang mit magischen Gegenständen hat. Diese eigene Neigung sollte man in der Magie kennen und berücksichtigen, wenn man erfolgreich sein will.

Es schmälert stets die eigene Kraft, wenn man entgegen der eigenen Neigung und nicht im eigenen Stil handelt – was nicht nur für die Magie gilt …

III 2. Eigene Erlebnisse

Die zweite Form der individuellen Prägung geschieht durch die eigenen Erlebnisse. Das, was man erlebt hat, hat man als real erkannt und berücksichtigt es daher bei allen späteren Taten. Wenn man daher erlebt hat, welch große Kraft magische Gegenstände haben können, wird man sie entweder selber benutzen wollen oder ihre Existenz zumindestens bei dem, was man tut, mitbedenken.

III 3. Gemeinschaft

Wenn man als Magier oder Magierin nicht allein, sondern in einer Gemeinschaft aktiv ist, ist es meistens hilfreich, wenn man einen äußeren Rahmen hat, an dem man sich orientieren kann.

Dazu gehören ein Versammlungsort, der eine Lichtung oder ein Tempel und auch vieles andere ein kann, dann evtl. Statuen von Göttern, schließlich noch verschiedene Symbole und letztlich ein Bezugssystem wie z.B. der kabbalistische Lebensbaum, aus dem sich dann wiederum verschiedene Symbole ergeben, die auch materiell dargestellt werden und magische Eigenschaften haben können.

IV   Herstellung und Weihung

Die grundlegende Frage ist nun natürlich, wo man Gegenstände mit magischen Eigenschaften finden kann bzw. wie man einem Gegenstand magische Eigenschaften verleihen kann. Weiterhin wäre es interessant zu wissen, welche magischen Eigenschaften eines Gegenstandes es eigentlich alles gibt und wozu man sie nutzen kann.

IV 1.   Die magische Qualität

Ein Gegenstand hat magische Eigenschaften, wenn er „geweiht" worden ist. Das wird in der Regel als „von Lebenskraft erfüllt" angesehen. Man kann diese Lebenskraft als amorphe Substanz, also als eine „Kraft" auffassen oder auch als eine Verbindung zu einem Ahnengeist, zu einem Planeten oder zu einer Gottheit. Man kann diese Weihung auch schlicht als „Assoziation zu Bildern in der eigene Psyche" ansehen.

Letztlich machen diese verschiedenen Bilder keinen großen Unterschied. Ahnengeister und Gottheiten sind Formen in der Lebenskraft und die Psyche ist der persönliche Anteil an der allgemeinen Lebenskraft. Ein Gegenstand hat folglich magische Eigenschaften, wenn er mit viel Lebenskraft verbunden ist.

In diesem Zusammenhang stellt sich natürlich die Frage, was Lebenskraft eigentlich ist. Im Wesentlichen ist Lebenskraft die Schnittstelle zwischen Bewußtsein und Materie. Sie ist die Klebefläche zwischen beiden, der Übergang zwischen der Bewußtseins-Innenseite der Welt und der Materie-Außenseite der Welt.

Die Lebenskraft hat keine Substanz an sich – sie ist einfach das, was man sieht, wenn man direkt vom Bewußtsein aus ohne die Zuhilfenahme der physischen Sinnesorgane aus auf die Materie schaut. Sie ist die „telepathische Ansicht" der Welt.

Daher kann man die Frage nach der Lebenskraft, die sich in einem Gegenstand befindet, auch anders formulieren: Mit welcher Form von Bewußtsein ist ein Gegenstand auf seiner Innenseite verbunden?

Ein Lebewesen ist ganz besonders „magisch aufgeladen", weil es fest mit einer Seele und somit mit einem großen Maß an Bewußtsein verbunden ist – nach dem Tod dieses Lebewesens ist dieses Wesen nicht mehr magisch, weil die Seele es verlassen hat.

In ähnlicher Weise kann jeder Gegenstand mit einer „Seele", d.h. mit einem Bewußtsein verbunden werden, die diesem Gegenstand dann magische Eigenschaften gibt, d.h. die Fähigkeit, aus sich heraus in einem mehr oder weniger begrenzten Rahmen zu wirken und zu handeln. Man könnte also sagen, daß ein magischer Gegenstand ein lebender Gegenstand ist.

Der Charakter dieses magischen Gegenstandes ergibt sich dann daraus, mit welchem Urbild dieser Gegenstand verbunden worden ist. Dabei ist es egal, ob diese Verbindung bei der Weihung des Gegenstandes als Lebenskraft, als Geist, als Gottheit, als Bild in der eigenen Psyche, also abstrakte Information oder als noch etwas anderes angesehen worden ist.

Die Stärke der magischen Eigenschaften eines Gegenstandes hängt daher davon ab, in welchem Ausmaß es gelungen ist, den Gegenstand zu einem „Lebewesen" zu machen.

Die eben angeführte Beschreibung von magischen Gegenständen setzt zwei Dinge voraus:

> 1. Alle Dinge haben eine Materie-Außenseite und eine Bewußtseins-Innenseite.
> 2. Die Bewußtseins-Innenseite eines jeden Gegenstandes oder Wesens läßt sich verändern.

Dieses Weltbild, in dem alle Dinge ein Bewußtsein haben, ist offensichtlich eine Variante des pantheistischen Weltbildes. Dieses Auffassung von magischen Gegenständen und des ihm zugrundeliegenden Weltbildes wird durch zwei Dinge bestätigt:

> 1. Das Bewußtsein kann direkt, also ohne die physischen Sinne, ein anderes Bewußtsein und jegliche Gegenstände wahrnehmen: Telepathie.
> 2. Das Bewußtsein kann direkt, also ohne die physischen Sinne, ein anderes Bewußtsein und jegliche Gegenstände beeinflussen: Telekinese (bzw. bei der Beeinflussung eines Bewußtseins telepathische Hypnose).

Diese beiden Wechselwirkungen können nur möglich sein, wenn alle Dinge ein Bewußtsein haben: Es wirkt immer nur Gleiches auf Gleiches. Diese Prinzip zeigt sich in der gesamten Physik:

> - Nur Dinge, die eine Masse haben, können sich gegenseitig durch Stöße beeinflussen.
> - Nur Dinge, die eine elektrische Ladung haben, können sich gegenseitig bewegen – Dinge ohne elektrische Ladung werden durch die elektrische Ladung anderer Dinge nicht beeinflußt.
> - Nur Dinge, die eine Farb-Ladung haben (starke Wechselwirkung im Atomkern), können sich gegenseitig bewegen – Dinge ohne Farb-Ladung werden durch die Farb-Ladung anderer Dinge nicht beeinflußt.

Das Modell der Welt, in dem alle Dinge auch eine Bewußtseinsseite haben, stellt sowohl Telepathie als auch Telekinese in einen größeren Zusammenhang und kann auch das Wesen magischer Gegenstände beschreiben kann. Daher ist dieses Modell recht nützlich … also „richtig" im Sinne der alltäglichen Verwendung dieses Wortes.

IV 2. Der Bezugsrahmen

Die Herstellung und Weihung eines Gegenstandes zu einem magischen Gegenstand, d.h. zu einem „lebendigen Gegenstand", steht nur in den seltensten Fällen isoliert da, sondern hat meistens einen Bezugsrahmen.

Dies ist oft eine bestimmte Religion wie z.B. bei der Weihung einer Hostie für die Eucharistie. Der Bezugsrahmen kann jedoch auch eine Mythologie oder ein Kult sein, was sich letztlich nicht allzusehr von einer Religion unterscheidet. Es kann auch ein etwas abstrakteres System sein wie die astrologischen Planeten, die vier Elemente, die Tarotkarten, das I Ging u.ä.

Schließlich ist der Bezugsrahmen immer auch durch die persönlichen Erfahrungen des Magiers geprägt.

Dieser Bezugsrahmen enthält die Bewußtseins-Einheiten, mit denen ein Gegenstand von dem Betreffenden bei einer Weihung verbunden werden kann – also Gottheiten, Ahnen, Planeten, Prinzipien usw. Durch die Weihung wird ein Gegenstand zu einem Körper der betreffenden Bewußtseins-Einheit.

IV 3.   Das Vorgehen

Die möglichen Vorgehensweisen bei der Weihung eines Gegenstandes, der magische Eigenschaften erhalten soll, sehen auf den ersten Blick sehr vielfältig aus. Bei genauerer Betrachtung zeigt sich jedoch eine einheitliche Grundstruktur.

IV 3. a)   Der Entschluß

In aller Regel beginnt die Herstellung eines magischen Gegenstandes mit einem Entschluß – die spontane Version ist ausgesprochen selten, auch wenn sie nicht unmöglich ist.

Für den weiteren Verlauf der Weihung ist die Motivation das Wesentliche: Warum will man einen Gegenstand weihen? Wie will man das durchführen? Und warum will man zum Erreichen des eigentlichen Zieles einen magischen Gegenstand benutzen? Ist die Herstellung eines magischen Gegenstandes der direkteste und effektivste Weg zum eigenen Ziel?

Je mehr Klarheit und Sachkenntnis bei diesen Fragen besteht, desto größer ist die Chance, daß der Magier bzw. die Hexe mit ihrem Vorgehen auch dort ankommen wird, wo er bzw. sie ankommen will.

Daher ist es sinnvoll, sich genügend Zeit zu nehmen, um das eigene Vorhaben eingehend zu betrachten und von allen Seiten her zu untersuchen sowie mit anderen möglichen Vorgehensweisen zu vergleichen.

IV 3. b)   Die Wahl des Bezugsrahmens

Die Wahl des Bezugsrahmens ergibt sich in den meisten Fällen von selber: Es wird entweder das von dem Magier bevorzugte Weltbild sein oder eben die Weltanschauung der Gruppe, die die anstehende Weihung gemeinsam durchführen will.

Die dabei verwendete Symbolik kann sehr schlicht sein und sich z.B. einfach nur auf einen Planeten oder auf ein Element oder eine Tarotkarte beziehen oder aber eine ganze Mythologie sein, die als Hintergrund benutzt wird.

Dabei ist die Komplexität der verwendeten Symbolik kein Garant für eine effektive Weihung – auch ein sehr schlichtes Ritual kann sehr effektiv sein. Wenn man jedoch in einer Mythologie zuhause ist, ist die Bezugnahme einer Weihung auf diese Mythologie natürlich ein sehr starker Rückhalt und eine große „Kraft-Quelle".

IV 3. c)   Die lebhafte Imagination

Die möglichst lebhafte und lebendige Imagination ist als Grundelement jeder magischen Handlung allgemein bekannt. Dies gilt auch für die Weihung eines Gegenstandes. Durch die Imagination erhält man einen Kontakt zur Lebenskraft. Man kann auch sagen, daß das innere, imaginierte Bild den Kontakt zu der Lebenskraft herstellt, also den Übergang zwischen Bewußtsein und Materie berührt – und dort dann eine magische Wirkung erzielen kann.

IV 3. d)   Die einsgerichtete Konzentration

Die Imagination ist die Hand, die das ergreift, was magisch verändert werden soll – die Konzentration ist die Kraft in dem Armmuskel, die das Ergriffene dann zu einem anderen Ort hin bewegt. Im Idealfall ist diese Konzentration ohne jegliche innere Widersprüche und Zweifel einsgerichtet.

Die inzwischen recht bekannte Karikatur der nicht so ganz vollkommenen einsgerichteten Konzentration ist das folgende Zitat aus einer englischen Magie-Anleitung: „This ist my magic wand – I hope it works." („Das ist mein Zauberstab – ich hoffe, daß er funktioniert.")

Die Einsgerichtetheit der Konzentration ist wie ein Laserstrahl, in dem alle Lichtstrahlen dieselbe Stärke, Frequenz und Richtung haben und daher solch erstaunliche Eigenschaften aufweisen. So wie diese Qualitäten eines Laserstrahls von der Art seiner Erzeugung abhängen, so hängt auch die Einsgerichtetheit der Konzentration vor allem von der Motivation für die betreffende Handlung ab. Je klarer und eindeutiger die Motivation ist, desto größer und widerspruchsfreier ist auch die Konzentration, die sich aus ihr ergibt.

Es ist förderlich, seine Motivation zu prüfen, bevor man eine größere magische Unternehmung startet.

Eine große Motivation muß nicht unbedingt einen langen Vorlauf haben – sie kann auch spontan deutlich werden und dann durchgeführt werden.

Manchmal kann es bei ausreichend großer Konzentration und lebhafter Imagination vorkommen, daß man während des Rituals plötzlich in einen anderen Bewußtseinszustand gerät oder vorübergehend „wegtritt". Das ist nicht weiter tragisch – wenn man dann auf einmal wieder merkt, wo man eigentlich ist und was man tun wollte, fährt man an der letzten Stelle des Rituals, an die man sich noch erinnern kann, fort. Dieser vorübergehende „Black-out" aufgrund der Intensität des Rituals ist allerdings kein allzu häufiges Phänomen.

IV 3. e) Das Ritual

Die Benutzung von Gesten, Worten, Kleidung, Kerzen und sonstigen Gegenständen sowie der Entwurf einer umfassenden und schlüssigen Dramaturgie helfen sowohl bei der Imagination als auch bei der Konzentration. Durch diese Hilfsmittel wird ein Ritual erschaffen, also eine äußere Darstellung der inneren Vorgänge.

Da bei einer Weihung der betreffende Gegenstand mit einem inneren Bewußtsein verbunden werden soll, ist die äußere Darstellung dieses Bewußtseins (z.B. der Planet Mars oder der Gott Pan) ausgesprochen hilfreich.

Die Bestandteile des Rituals und der Aufbau des Rituals ergeben sich aus der Art der Weihung, die man anstrebt.

IV 3. f) Die Invokation

Eine Invokation ist die Anrufung einer Gottheit und die Identifizierung mit ihr. Eine Invokation ist daher sozusagen eine Selbst-Weihung.

Da durch eine Invokation der Kontakt zu einer Gottheit hergestellt wird, ist die Invokation die naheliegende Grundlage dafür, einen Gegenstand mit einer Gottheit zu verbinden. Wenn man einen Gegenstand mit einer Gottheit verbinden will, muß man zunächst einmal sowohl zu dem Gegenstand als auch zu der Gottheit einen Kontakt herstellen …

Dasselbe gilt natürlich auch für Planeten-Qualitäten oder Element-Qualitäten, die man bei einer Weihung benutzen will.

In manchen Fällen kann man diese Invokation auch stufenweise aufbauen, indem man nacheinander ein Element, einen Planeten und schließlich eine Gottheit anruft:

Aufbau einer Weihung			
Thema	*1. Schritt: Element*	*2. Schritt: Planet*	*3. Schritt: Gottheit*
Selbstzentrierung	Licht	Sonne	Osiris
Kraft	Feuer	Mars	Thor
Liebe	Wasser	Venus	Aphrodite
Erkenntnis	Luft	Merkur	Thot
Gedeihen	Erde	Jupiter	Ptah

Durch dieses Vorgehen kann man schrittweise eine zunehmende Spannung und Kraftfülle aufbauen.

IV 3. g) Die Ritual-Teilnehmer

Schließlich gibt es noch die Ritual-Teilnehmer. Wenn man ein Ritual alleine durchführt, ist es ganz einfach: Man macht alles selber.

Wenn das Ritual von einer Gruppe durchgeführt wird, gibt es jedoch eine Vielzahl von Möglichkeiten, die von der Motivation und der Erfahrung der einzelnen Gruppenmitglieder abhängt:

- Der Magier/Priester führt das Ritual durch und die anderen sind dabei.

- Der Magier/Priester führt das Ritual durch und die anderen helfen mit ihrer Konzentration und ihrer Imagination.

- Der Magier/Priester führt das Ritual durch, wobei es zwischendurch gemeinsame Aktionen wie das Sprechen von vorgegebenen Texten oder Liedern gibt.

- Der Magier/Priester führt das Ritual durch, aber delegiert einzelne Aufgaben an andere Teilnehmer.

- Die Teilnehmer erhalten verschiedene Rollen in dem Ritual, die z.B. aus den Gottheiten bei dem ägyptischen Jenseitsgericht, den zwölf Göttern auf dem Olymp, den acht zentralen Gottheiten des westafrikanischen Ifa-Orakels usw. bestehen können. Durch eine solche Rollenverteilung wird sozusagen gemeinschaftlich eine ganze Mythe (ägyptisches Jenseitsgericht), eine ganze Mythologie (Götter des Olymp) oder ein ganzes System (Ifa-Orakel) invoziert. Wenn das mit ausreichender Konzentration durchgeführt wird, kann das natürlich ausgesprochen effektiv sein. Die meisten Mysterienspiele beruhen auf diesem Prinzip.

- Es gibt auch noch weitere Varianten wie z.B. den Ritual-Tanz, bei dem die Gemeinschaft im Kreis steht und klatscht oder tanzt und das Fundament und den Rahmen bildet. Die einzelnen Teilnehmer treten dann nacheinander in die Mitte und tanzen dort und rufen dadurch z.B. den Segen ihrer Ahnen in sich hinein.

Der Kreativität sind in Gruppenritualen kaum Grenzen gesetzt …

IV 4.   Konkrete Beispiele

Die bisherigen, allgemeinen Betrachtungen zu der Weihung von Gegenständen, durch die sie zu magischen Gegenständen werden können, werden im Folgenden anhand von einer Reihe von Beispielen näher beschrieben.

Dies ist natürlich wieder nur eine kleine Auswahl von möglichen Weihungs-Ritualen. Da sie jedoch alle auf denselben Grundprinzipien beruhen, läßt sich auch anhand dieser kleiner Auswahl das generelle Vorgehen bei der Herstellung eines magischen Gegenstandes erkennen.

IV 4. a)   Die Korn-Mumie

Die ägyptische Korn-Mumie hat eine sehr lange Tradition und reicht mindestens 4.000 Jahre weit zurück – möglicherweise jedoch noch deutlich weiter in die Vergangenheit zurück bis fast zu 8500 v.Chr. zum Beginn des Getreideanbaus.

Dieser magische Gegenstand und das dazugehörige Ritual sind sehr schlicht: Ca. zwei Wochen vor dem Fest der Wiedergeburt des Korngottes und Totengottes Osiris wird aus einem Gemisch aus Lehm und Getreide eine Figur des Osiris als Mumie geformt, die meist 30-50cm lang ist. Sie wird manchmal in Mumienbinden gewickelt und erhält gelegentlich auch eine Totenmaske aus Bienenwachs (entsprechend der Goldmaske des Tutenchamun). Diese liegende Osiris-Statuette wird dann feucht gehalten, wodurch die Gerste in der Mumie zu sprießen beginnt – der Korngott Osiris ist wiedergeboren worden.

Dieses Ritual, daß ursprünglich dem Herbeirufen einer guten Ernte diente, wurde auch mit der eigenen Wiedergeburt im Jenseits assoziiert – schließlich ist Osiris sowohl der Gott der Wiedergeburt des Getreides nach der Nilüberschwemmung als auch der Gott der Wiedergeburt der Seelen im Jenseits nach dem Tod der Menschen.

Dieses Ritual kann man natürlich auch auf andere Dinge ausweiten wie z.B. die Heilung von einer Krankheit. Je nach der Verwendung dieses Rituals kann man auch andere Gottheiten aus dieser Mythe wie Isis, Nephthys, Seth, Thot und Anubis miteinbeziehen.

Die Kornmumie erfordert keine besondere Weihung, da sie das Abbild einer Gottheit und folglich mit dieser Gottheit verbunden ist. Zudem wird ein grundlegender Vorgang aus der Mythologie dieser Gottheit sehr direkt dargestellt: die Aussaat und das Keimen des Getreides.

Hier besteht die Weihung aus einer Handlung – es kann eine Imagination und eine Konzentration dabei sein, aber sie ist nicht das Fundament dieser Weihung. Das

Fundament ist ganz schlicht das Bild der Gottheit und die lange Tradition dieses Rituals. Sowohl das Bild als auch die Tradition bilden sozusagen einen Resonanzkörper, der zu erklingen beginnt, sobald man eine Kornmumie des Osiris anfertigt.

Ein weiterer Aspekt ist die hohe Motivation, die aus dem Wunsch der Bauern nach einer guten Ernte entsteht – die durch die tägliche Arbeit auf den Feldern ständig (im doppelten Sinne des Wortes) geerdet wird.

IV 4. b) Das Mundöffnungs-Ritual

Dies ist ein weiteres altägyptisches Ritual, das das Kernstück des Bestattungsrituals ist. Auch dieses Ritual hat eine sehr lange Tradition, die teilweise bis in die frühe Jungsteinzeit zurückreicht.

Es besteht aus drei Elementen, die miteinander zu einem komplexen Ritual kombiniert worden sind:

1. Der Schamane-Priester („Sem-Priester") reist in das Jenseits, sucht dort die Seele des Verstorbenen und holt sie in das Diesseits zu seinen Nachkommen zurück, damit diese Seele weiterhin ihre Nachkommen mit Rat und Tat beschützen kann.

2. Der Anubis-Priester, der die Bestattungen durchführt, öffnet der Mumie des Toten den Mund, was ihn symbolisch wieder zum Atmen bringt und ihn ins Leben zurückholt – womit das Weiterleben im Jenseits gemeint ist.

3. Der Steinmetz, der die Statue des Toten für dessen Totentempel hergestellt hat, formt ganz am Schluß den Mund der Statue und öffnet ihr dadurch den Mund, sodaß sie atmen kann.

Diese drei Symboliken fügen sich zu der Vorstellung zusammen, daß die Seele des Toten durch den Schamanen aus dem Jenseits in das Diesseits zurückgeholt wird und in die Statue des Toten eingefügt wird, nachdem der Anubis-Priester den Mund der Mumie und der Steinmetz den Mund der Statue geöffnet hat. Ab diesem Augenblick ist die Statue zu einem zweiten Körper der Seele des Toten geworden – die Statue ist nun eine „bewohnte Statue".

Dieses Prinzip der „bewohnten Statue" findet sich in fast allen Kulturen: Die Statuen selber wurden nicht als Gottheit aufgefaßt, sondern nur als ein Körper, den die Gottheit bewohnen kann. In Indien gibt es sogar verschiedene Begriffe für „Götterstatue vor der Weihung" und „Götterstatue nach der Weihung".

Dieses Hineinrufen der Seele eines Toten oder einer Gottheit in ihre Statue ist im Prinzip eine Invokation, die nicht in den eigenen Körper hinein, sondern in eine Statue hinein stattfindet.

In den meisten Fällen wird diese Weihung wieder nicht durch eine intensive Imagination und Konzentration, sondern durch ein traditionelles Vorgehen wie z.B. durch das altägyptische Mundöffnungsritual erreicht.

IV 4. c) Die Eucharistie

In der Eucharistie gibt es zwei magische Gegenstände – oder geweihte Gegenstände, wie man aus christlicher Sicht wohl eher sagen würde. Dies sind die Oblate (ursprünglich ein Brot), die den Leib Christi darstellt, und der Wein, der das Blut Christi darstellt.

Hier werden Brot und Wein mit einer Gottheit (Christus) identifiziert – der Unterschied zu der Identifizierung der Kornmumie mit Osiris ist nicht besonders groß … Die Oblate bzw. das Brot entspricht dem Getreide des Osiris und der Wein der Mich der Göttin Isis, die den Osiris nach dessen Tod wiedergebiert.

In der christlichen Terminologie wird die Verwandlung des normalen Brotes und Weines durch die Weihung in Christi Leib und Blut als „Realvollzug" bezeichnet – diese Weihung wird also nicht als ein symbolischer, sondern als ein realer Vorgang aufgefaßt.

Durch das Essen des geweihten Brotes und das Trinken des geweihten Weines nimmt der Ritual-Teilnehmer also Christi Leib in sich auf. Das mag heute bei genauerer Betrachtung ziemlich barbarisch klingen, aber da zu Christi Zeiten der Kannibalismus als Möglichkeit der Aufnahme der Lebenskraft eines Verstorbenen durch seine Nachkommen noch allgemein bekannt und vielerorts noch üblich war, ist das für die Menschen in der damaligen Zeit ein allgemeinverständliches Bild gewesen.

Auch die Eucharistie ist somit die Invokation einer Gottheit mithilfe einer symbolischen Handlung und mithilfe von zwei magischen Gegenständen. Dieses Prinzip findet sich sehr häufig in der Religion und teilweise auch in der Magie. In der Regel sind die Weihungen, die eine sehr lange Tradition haben, auch recht effektiv.

IV 4. d) Eine Tempelweihung

Die Weihung eines Tempels hängt von dem Weltbild und von der geplanten Verwendung des Tempels ab. Es gibt jedoch auch einige traditionsunabhängige Elemente.

Die erste Frage ist, was man unter dem Tempel versteht: Für die Indianer und die Menschen in der frühen Jungsteinzeit in Göbekli Tepe ist die Schwitzhütte der Bauch der Muttergöttin, für die Ägypter war er der Urhügel, für die Christen ist er ein

Versammlungsort, für die Buddhisten ist er ein Mandala, d.h. ein Bild der Welt …

Somit gibt es verschiedene Schwerpunkte: Die Menschen in Göbekli Tepe gestalteten ihre Tempel als Mutterbauch mit einem Kind in ihm, die Ägypter malten die Pflanzen auf dem Urhügel an die Sockel der Mauern und Säulen, die Christen füllten die Kirchen mit Sitzbänken und Heilgen-Statuen, die Buddhisten entwarfen konzentrisch-symmetrische Strukturen …

Auch die Rituale in den Tempeln waren entsprechend unterschiedlich: In Göbekli Tepe versammelte sich die Sippe, in Ägypten nährte der Priester die Gottheit, bei den Christen verbindet der Priester die Menschen mit Gott, die Buddhisten führen Meditationen und Rituale durch …

Der Tempel ist der wichtigste Alltags-Ort in einem religiösen Weltbild. Er wird gemäß des betreffenden Weltbildes gestaltet – in der Regel entspricht jeder Teil des Tempels einem Aspekt des Weltbildes. Schon durch diese Gleichsetzung entsteht eine Weihung – jeder Teil des Tempels wird mit einer Gottheit verbunden: bei einem ägyptischen Tempel der Boden mit dem Erdgott Geb, die Säulen mit dem Luftgott Shu, die Decke mit der Himmelsgöttin Nut, der Tempelhof mit dem Urwasser Nun, die beiden Tempeltürme am Eingang mit den beiden Ru-Löwen am Horizont usw. Auf diese Weise wird der Tempel zu einer Verkörperung der Mythologie, zu einem Abbild der Welt und der Götter in ihr.

Die Essenz des Tempels besteht in der Regel aus den Statuen, deren Haus der Tempel ist. Daher ist das Hauptelement der Weihung eines Tempels die Invokation der Gottheiten in die Statue der zentralen Gottheit und in die Statuen der begleitenden Gottheiten.

Auf dem Petersplatz in Rom ist dies sehr anschaulich arrangiert worden: Auf dem Obelisk im Zentrum steht oben Christi Kreuz, oben auf der Front des Petersdoms, die ein Viertel des Platzes ausmacht, stehen die zwölf Apostel und auf den den beiden Viertelkreis-Säulengängen rechts von ihm steht ein großer Teil der Heiligen.

Es gibt evtl. auch einen technischen Teil der Tempelweihung, der aus der Reinigung des Tempels mit Feuer und Wasser sowie einem generellen Herbeirufen von Lebenskraft oder differenzierter den vier Elementen besteht, aber der zentrale Teil der Tempelweihung ist die Weihung der Statuen – die Invokation der Gottheiten, für die der Tempel errichtet worden ist.

IV 4. e) Die Schwitzhütte

Wenn man eine Schwitzhütte errichtet, kann man ein merkwürdiges Phänomen beobachten: Sobald die Hütte selber gebaut und das Feuer entzündet ist, verändert sich die Stimmung und wird „heilig". Dafür braucht man nichts zu tun – das Ritual beginnt mit dem Entzünden des Feuers und man kann spüren und innerlich sehen, wie die verschiedenen Geister, die mit der Schwitzhütte verbunden sind (Schlange, Bär, Adler, Büffelfrau, Erdmutter, Himmelsvater, Großes Geheimnis) zu der Schwitzhütte kommen. Daher braucht man diese Wesen anschließend in der Schwitzhüte nicht herbeizurufen – man kann sie einfach begrüßen und ihnen danken, daß sie gekommen sind.

Dieses Ritual ist so alt, daß es ab dem Entzünden des Feuers von selber zu laufen beginnt und sich die Schwitzhütte, ohne daß man etwas dazu tut, in den Bauch der Muttergöttin verwandelt.

Man räuchert in der Hütte zwar auch noch einmal mit Salbei, aber das ist nur eine Verstärkung der Verwandlung der Hütte in den Mutterbauch, die bereits begonnen hat, und eine Begrüßung der Geister, die bereits gekommen sind.

Somit gibt es keine Weihung einer Schwitzhütte …

IV 4. f)   Die Horus-Statue

In den Dörfern im alten Ägypten stand auf dem Dorfplatz eine Statue des Horus, der mit einem Fuß auf einer Schlange und mit dem anderen Fuß auf einem Skorpion stand – manchmal war auch ein Krokodil dabei.

Wenn nun jemand von einem Skorpion oder von einer Schlange gebissen worden war, eilte man zu dieser Horusstatue, übergoß sie mit Wasser und fing dieses Wasser mithilfe der Abflußrinne unterhalb der Statue in einem zweiten Gefäß auf. Dieses Wasser gab man dann dem Gebissenen zu trinken, damit ihm das Gift keinen Schaden zufügen konnte.

Dieses Ritual bezog sich darauf, daß Isis ihren Sohn Horus von dem Gift von Schlangen und Skorpionen geheilt hat. Da Horus in jeder ihm geweihten Statue wohnte, verband sich der Gebissene durch das Trinken des Statuen-Wassers mit Horus und wurde wie dieser von Isis geheilt.

Primär ist die Statue geweiht und sekundär auch das Wasser, das über sie gegossen worden ist. Es handelt sich also um „Weihwasser".

In derselben Weise wurde bei vielen Völkern einschließlich der mittelalterlichen Christen Wasser geweiht, indem man es aus den Schädeln eines Heiligen trank. Da die Heiligen für die Heilung verschiedener Krankheiten und für das Lösen verschiedener Probleme zuständig waren, wußte man, zu welcher Kirche man pilgern mußte, um dort aus dem Schädel des betreffenden Heiligen trinken zu müssen.

Dies ist u.a. ein Vorläufer der heutigen Homöopathie …

IV 4. g) Der Zauberstab

Der Zauberstab ist ein Symbol mit einer großen Vorgeschichte: Vogelstab, Totempfahl, Menhir, Tempelsäule, Ahnenstein, Weltenbaum, Nabelschnur zum Himmel, Sushumna (Yoga), Seherstab, Priesterstab, Königs-Szepter, Bischofsstab usw. Daher ist auch der Zauberstab schon aufgrund seiner Geschichte geweiht, d.h. mit einer bestimmten Symbolik verbunden.

Vor etwa 50-100 Jahren war es üblich, Zauberstäbe auszuhöhlen und mit einer „magischen Substanz" zu füllen. Dieses Prinzip wurde in letzter Zeit durch die „Harry Potter"-Bücher wieder bekannter. Dies ist allerdings kein traditionelles Verfahren, sondern der Versuch, einen magischen Gegenstand auf technische Weise herzustellen.

Mittlerweile werden in der Magie allerdings kaum noch Zauberstäbe verwendet.

IV 4. h) Ein Planeten-Talisman

Ein Talisman dient dazu, einen ganz speziellen Auftrag auszuführen: die Heilung von einer Krankheit, das Herbeiführen einer Beziehung, das Erschaffen von Reichtum usw. Eine gängige Methode ist die Weihung mit einem Element und einem Planeten, also die Verbindung des Talismans mit einem passenden Element und Planet.

Dafür wird zunächst eine Form für den Talisman ausgewählt – in der Regel leitet sie sich von dem verwendeten Planeten ab:

- Saturn   – Dreieck
- Jupiter   – Quadrat
- Mars   – Pentagon
- Sonne   – Hexagon
- Venus   – Hepotagon
- Merkur   – Oktagon
- Mond   – Nonagon

Diese Grundform wird dann entweder aus dem betreffenden Metall hergestellt oder aus einem anderen Metall, das mit der betreffenden Farbe angemalt wird:

- Saturn   – Blei   – schwarz
- Jupiter   – Zinn – blau
- Mars   – Eisen – rot
- Sonne   – Gold – gelb
- Venus   – Kupfer – grün
- Merkur   – Messing – orange
- Mond   – Silber – violett

31

Dazu gibt es eine ganze Reihe von traditionellen Zahlenquadraten, Siegeln, Symbolen, Namen usw. … ein komplexes System mit vielen Details.

Auf diesen Talisman wird meistens auch noch in irgendeiner Weise der eigentliche Wunsch (Gesundheit, Beziehung, Reichtum usw.) eingraviert, aufgeschrieben oder aufgemalt.

Schließlich wird ein passender Monat und Tag ausgewählt:

- Saturn	– Sonne im Steinbock/Wassermann	– Samstag
- Jupiter	– Sonne im Schützen/Fische	– Donnerstag
- Mars	– Sonne im Widder/Skorpion	– Dienstag
- Sonne	– Sonne im Löwen	– Sonntag
- Venus	– Sonne im Stier/Waage	– Freitag
- Merkur	– Sonne in Zwillinge/Jungfrau	– Mittwoch
- Mond	– Sonne im Krebs	– Montag

Möglicherweise wählt man auch noch einen passenden Ort, die passende Anzahl von Teilnehmern, die passende Kleidungsfarbe für das Ritual usw. aus:

- Saturn	– Berg	– 3 Teilnehmer in Schwarz
- Jupiter	– Geschäft/Büro	– 4 Teilnehmer in Blau
- Mars	– Waffenkammer/Sportplatz	– 5 Teilnehmer in Rot
- Sonne	– Tempel/Palast	– 6 Teilnehmer in Gelb
- Venus	– Lichtung/Garten	– 7 Teilnehmer in Grün
- Merkur	– Bibliothek	– 8 Teilnehmer in Orange
- Mond	– Schlafzimmer	– 9 Teilnehmer in Violett

Hier wird durch die systematische Strukturierung des Talismans und des Rituals eine hohe Dichte an Symbolen und somit auch eine hohe Konzentration sowie ein eindrückliches optisches Erlebnis erreicht.

Das Kernstück des Rituals ist wahrscheinlich die Anrufung eines Gottes, der zu dem ausgewählten Planten paßt. Falls man ein Faible für die Götter des Olymps oder die Götter in Asgard hat, wären dies:

- Saturn – Kronos – Thiazi (Tyr-Riese)
- Jupiter – Zeus – Freyr
- Mars – Ares – Thor
- Sonne – Helios – Tyr
- Venus – Aphrodite – Freya
- Merkur – Hermes – Hönir
- Mond – Selene – Mani

Das eigentliche Ritual besteht darin, daß man die einzelnen Aspekte des Talismans und des Rituals (Form, Substanz, Farbe, Siegel, Ort, Kleidung usw.) nacheinander in dem Ritualtext aufzählt und sie dabei mit möglichst hoher Konzentration imaginiert. Dabei wird immer auch der Satz, der das eigentliche Anliegen beschreibt, ausgesprochen. Schließlich wird die Gottheit angerufen und um Hilfe gebeten – möglicherweise stellt man sich vor, daß z.B. vom Mars ein roter Lichtstrahl herabkommt und den Talisman erfüllt und ab da wie mit einer Nabelschnur mit dem Mars verbunden ist.

IV 4. i) Der Kult

Der Kult ist eine spezielle, aber zugleich auch sehr alte und wirksame Methode, durch die ein Gegenstand zu einem magischen Gegenstand werden kann.

Im Kult wird eine religiös bedeutsame Handlung, also ein Ritual, oft über viele Jahrhunderte oder Jahrtausende hinweg wiederholt. Dadurch entsteht auf der Bewußtseinsseite der Welt ein stark eingeprägtes Bild: ein Urbild im kollektiven Unterbewußtsein der Menschen.

Sobald man das betreffende Ritual durchzuführen beginnt, nimmt man Kontakt zu diesem Bild auf. Wenn mit diesem Ritual ein Gegenstand wie ein Tempel, eine Statue, ein Kelch oder ähnliches verbunden ist, wird dieser Gegenstand mit diesem Urbild, mit dieser Mythe und mit den Gottheiten in ihr verbunden. Die älteste Variante dieser Form der Weihung ist die Schwitzhütte.

Dasselbe Prinzip der „Wirkung durch Wiederholung" findet sich in der Meditation als Mantra wieder.

IV 4. j) Die Aufladung durch die Zeit

Zu der „Wirkung durch Wiederholung" aus dem Kult gibt es auch eine unbewußte und manchmal auch ungewollte Variante: die „Prägung durch lange Zeit konstante Umstände".

Diese Prägung eines Gegenstandes kann ganz einfach dadurch entstehen, daß jemand einen Gegenstand lange Zeit besitzt und evtl. sogar wie z.B. einen Ring immer am eigenen Körper trägt. In einem solchen Fall kann der Gegenstand die Qualität seines Trägers übernehmen.

Eine solche Prägung kann auch dadurch entstehen, daß ein Ort lange Zeit für denselben Zweck verwendet wird wie ein Tempel oder eine Statue.

Ebenso können Dinge und Orte durch heftige Ereignisse geprägt werden wie z.B. Schlachtfelder, Kerker oder ein KZ.

Auch manche alte Gegenstände wie Seherstäbe aus Gräbern, die Mitra eines

Bischofs oder eine geweihte indianische Pfeife können Qualitäten erlangen, die über die reine Substanz des Gegenstandes hinausgehen.

IV 4. k)   Der Spiritus familiaris

Der Spiritus familiaris, der manchmal auch „Hausgeist" genannt wird (statt „Familiengeist"), ist ein künstlich hergestellter Geist. Er ist sozusagen die „light"-Variante eines Golems. Die Inspiration dafür bzw. das Urbild dazu ist die Erschaffung des ersten Menschen aus Lehm.

Rein Magie-technisch gesehen ist ein Spiritus familiaris einem Talisman sehr ähnlich, auch wenn es einige Unterschiede gibt.

Um solch einen Geist herzustellen, geht man wie folgt vor:

- Man entscheidet, wofür man den Geist gebrauchen will: Als Wächter, als Bote, als Krieger, als Liebesabenteuer-Beschaffer, als Schatzsucher usw.

- Dann wählt man eine passende Gestalt für den Geist aus: einen Hund als Wächter, einen Vogel als Bote, eine Amazone als Kriegerin, Pan als Liebesabenteuer-Beschaffer, einen Hund als Schatzsucher usw.

- Als nächstes beschafft man sich gelben Lehm sowie Bienenwachs und erhitzt an Vollmond in einem Topf zwei Teile feuchten Lehm zusammen mit einem Teil Bienenwachs, bis der Wachs schmilzt. Dann wird beides gründlich verrührt. Schließlich wird aus der Lehm/Wachs-Masse die ausgewählte Figur geformt.

- Aus Kamillenblüten wird ein Absud gekocht (dicker, starker Tee), zu dem am Schluß etwas „Aurum chloratum C200" (eine homöopathische Gold-Tinktur) sowie ein paar Tropfen des eigenen Blutes hinzugefügt werden.

- In die Unterseite der noch nicht ausgekühlten und daher noch weichen Figur wird mit einem Stab o.ä. ein röhrenförmiges Loch gebohrt. In dieses Loch wird die Kamille/Gold/Blut-Tinktur gegossen. Danach verschließt man dieses Loch mit einem Pfropfen aus der Lehm/Wachs-Mischung.

- Dann läßt man die Figur vollständig trocknen und auskühlen. Sie fühlt sich dann organisch wie Haut oder Knochen an und ist zugleich sehr hart und sehr elastisch.

- Als nächstes gibt man der Figur, d.h. dem Geist in ihr, einen Namen, der zu seiner geplanten Aufgabe paßt.

- Für die Weihung hält man die Figur in der linken Hand und hält die rechte Hand über sie und imaginiert, daß aus der rechten Hand nacheinander das Element Erde, Wasser, Luft, Feuer und Licht in die Figur fließen.

- Je nach dem Charakter der Figur kann man sie auch mit Sonnenlicht, Mondlicht, Wind u.ä. aufladen. Man kann auch einen der Planeten oder eine Gottheit bitten, den Geist in der Figur zu stärken. Hier sind der Phantasie keine Grenzen gesetzt. Auch Menstruationsblut und Samen sind schon erfolgreich für die Stärkung eines solchen Geistes benutzt worden.

- Nach einer Weile kann man dann spüren, daß die Figur „lebendig" zu werden beginnt: Sie scheint heiß zu werden oder zu pulsieren, wenn man sie in seiner Hand hält; möglicherweise erscheint sie auch in den eigenen Träumen oder auf Traumreisen oder man fühlt sich von ihr gerufen.

- Nun kann man ihr dann Aufgaben geben, indem man den Geist in der Figur mit dem Namen anspricht, den man ihm gegeben hat, und ihm sagt, was er tun soll.

Dieser Geist ist offensichtlich vollkommen künstlich hergestellt worden. Manchmal wird diese Art von Geist auch „Psychogone" genannt.

Das eben angeführte „Rezept" enthält alles Sonnen-Zutaten. Wenn man z.B. einen Geist mit Mond-Eigenschaften herstellen will, kann man weißen Ton, Stearin, Mohnblumen und Argentum C200 verwenden. Entsprechend kann man die Zutaten auch für andere Planeten variieren.

Bezüglich dieser Methode der Herstellung eines magisch wirksamen Gegenstandes sind die Hinweise in dem noch folgenden Kapitel „Risiken und Nebenwirkungen" ausgesprochen wichtig.

Das Prinzip „Körper und Füllung", das bei dem Spiritus familiaris angewendet worden ist (Lehm/Wachs-Figur mit einer Tinktur in ihr) entspricht dem Herstellungsverfahren von Zauberstäben, bei dem eine Holzröhre mit einer magischen Substanz gefüllt wird.

IV 4. l)   Magische Ringe

Man kann Gegenstände auf vielerlei Weise „weihen" und „mit Lebenskraft aufladen". Die ausgewählte Methode hängt auch von dem Gegenstand ab, den man erschaffen bzw. weihen will. Der wichtigste Punkt ist die Wahl der richtigen Symbolik, da sie sich letztlich immer durchsetzt – egal was man beabsichtigt hat.

Als ich vor fast 40 Jahren einmal magische Ringe hergestellt habe, hatte ich jedoch noch wenig Übersicht über Mythen und Symbole und mir war auch noch nicht klar, wie wichtig derartige Kenntnisse sind.

Ich selber habe zu der Zeit des Waldsterbens um ca. 1985 Ringe geschmiedet, die ich an verschiedenen Kraftplätzen in Deutschland vergraben wollte, um eine Art

„Akupunktur der Erde" zu bewirken, die den Wald stärkt, damit er den sauren Regen aushalten kann.

- Mir schienen Schlangen als Symbole der Kraft am passendsten zu sein. Die Form von Schlangenringe schienen mir die Konzentration und den Schutz durch die Schlangen am besten darzustellen.
- Zwölf Schlangen als Analogie zum Tierkreis plus eine Schlange im Zentrum, die der Sonne entspricht, schien mir die passende Anzahl zu sein.
- Als zentraler Ort in Deutschland paßte der Vogelsberg nördlich von Frankfurt gut: Er lag in etwa im Zentrum und er ist der größte (erloschene) Vulkan in Deutschland – das würde dem Projekt zusätzliche Kraft geben.
- Als Material schien mir Silber am passendsten zu sein: Silber entspricht dem Mond und somit der Lebenskraft – und mir ging es um die Lenkung der Lebenskraft in der Erde und in den Bäumen.
- Die Schlangen brauchten eine klare Absicht, also eine Betonung ihres Dritten Auges. Daher habe ich zwölf Turmaline (Gedeihen) und einen Rubin (Kraft) zum Aufsetzen auf die Köpfe der Schlangen ausgewählt.
- Da die Schlangen etwas verwandeln sollte, habe ich sie nur auf Vollmond geschmiedet.
- Damit diese Ringe eng miteinander verbunden werden, habe ich sie parallel hergestellt: Am ersten Vollmond habe ich sie alle ausgesägt, am zweiten Vollmond alle rund gebogen und zu einem Ring zusammengeschweißt, am dritten Vollmond sie die grobe Form gefeilt, usw.
- Da sie lebendig werden sollten, schien mir eine Herstellungsdauer von neun Monaten analog zu der Schwangerschaft bei einem Menschen sinnvoll.
- Diese Symbolik ließ sich noch dadurch verstärken, daß ich die „Zeugung", also den Beginn des Schmiedens auf Frühlingsanfang gelegt habe, wodurch die „Geburt", also die Fertigstellung der Ringe (neun Monate später) auf Weihnachten fiel, was ja das Geburtsfest der Sonne (und später von Christus) ist.
- Zu diesen Schlangenringen habe ich ein längeres Gedicht verfaßt, in dem ich sie beschrieben und angerufen habe – das ist ziemlich kraftvoll geraten. Dieses „Drachen-Lied" habe ich dann beim Schmieden oft vor mich hin gesprochen.
- Während des Schmiedens habe ich immer wieder die Schlangen und Drachen aus der Erde heraufgerufen.

Durch diese sehr dichte Symbolik, durch die ständige Imagination sowie durch die hohe Konzentration sind diese Ringe sehr kraftvoll geworden. Aufgrund mehrerer Fehler haben sie jedoch einen anderen Charakter erhalten als es beabsichtigt gewesen ist.

Auch bezüglich der Herstellung dieser Schlangenringe ist es ratsam, die Hinweise in dem noch folgenden Kapitel „Risiken und Nebenwirkungen" aufmerksam zu lesen.

IV 4. m) Orgon-Akkumulator

Es gibt verschiedene Anleitung für Apparaturen, die aus ihrem Aufbau heraus die Lebenskraft leiten. Der bekannteste von ihnen ist sicherlich der Orgon-Akkumulator, der von dem Freud-Schüler Wilhelm Reich entwickelt worden ist. Er besteht im Wesentlichen aus einem Kasten, der aus abwechselnden Schichten aus Metall und Holz aufgebaut worden ist. „Organ" ist Reichs Bezeichnung für die Lebenskraft.

Mithilfe derartiger Apparaturen soll es Wilhelm Reich gelungen sein, Krankheiten zu heilen und sogar das Wetter zu beeinflussen.

Ich selber habe jedoch nicht genügend Erfahrungen mit diesen Apparaturen, um sicher sagen zu können, ob und wie sie funktionieren.

IV 4. n) Pyramide

Ein ähnliches Verfahren besteht darin, Dinge unter eine Pyramide aus Kupferblech oder notfalls auch aus Pappe zustellen. Die Dinge, die unter der Pyramide stehen, verhalten sich anders als Dinge, die sich daneben in einer normalen Pappschachtel befinden. Das läßt sich am einfachsten mit leicht verderblichen Lebensmitteln wie z.B. zwei Tomaten überprüfen.

Meine eigenen Versuche haben ergeben, daß sich beide Tomaten sehr unterschiedlich entwickeln – sie faulen zu verschiedenen Zeitpunkten und sie schmecken auch sehr verschieden. Allerdings schnitt bei meinen Versuchen nicht immer die Pyramide besser ab als der einfache Pappkarton.

Hier ist meines Erachtens noch einiges an systematischer Forschung notwendig, um zu wirklich sicheren Aussagen zu gelangen.

IV 4. o) Feng-Shui

Die Chinesen haben die Wirkung von Formen und Zusammenstellungen von Dingen über lange Zeit hinweg gründlich erforscht und ihre Erfahrungen im Feng-Shui beschrieben. Die dadurch entstandenen Kenntnisse sind sehr komplex – ihre ausführliche Darstellungen würde den Rahmen dieses Buches sprengen.

Die grundlegenden Prinzipien des Feng Shui kann man wie folgt kurz zusammenfassen:

- Formen lenken die Lebenskraft. Daher lassen gerade Linien harte Strahlen entstehen; Bögen lassen hingegen weiche Wirbel entstehen. Aus diesem Grund sind z.B. die Dachkanten von alten chinesischen Gebäuden am Ende nach oben gebogen.
- Materialien beeinflussen die Qualität der Lebenskraft an einem Ort. Daher prägt die Wahl der passenden Materialien für die verschiedenen Teile eines Hauses die Qualität dieses Gebäudes.
- Die Zusammenstellung der Materialien ergibt einen „Akkord" an Qualitäten.
- Die Himmelsrichtungen haben bestimmte Qualitäten, die berücksichtigt werden sollten.
- Jedes Ding hat einen natürlichen inneren Aufbau, der sich als Fläche von drei mal drei Feldern darstellen läßt. Diese Struktur heißt in China „Ba-Gua" und in Indien „Purusha". Bei der Anlage von Gebäuden, Parks, Städten u.ä. sollte diese Struktur mitberücksichtigt werden.
- Die Elemente der Natur wie Ebenen, Berge, Täler, Flüsse, Seen, Wälder, Meeresküsten usw. haben alle bestimmte Qualitäten. Aus ihrem Zusammenspiel ergeben sich Lebenskraft-Muster, die „Ley-lines" und Kraftorte entstehen lassen. Ley-lines sind Linien in der Erde, an denen Lebenskraft entlangfließt – sie entsprechen den Akupunktur-Meridianen im Körper. Die Kraftorte entsprechen den Akupunktur-Punkten und den Chakren im Körper. Wichtige Gebäude sollten an solchen Kraftorten errichtet werden.

Neben der Berücksichtigung dieser formal erfaßbaren Strukturen in der Lebenskraft gibt es im Feng Shui auch noch andere, nicht-verstandesmäßige Methoden, um den Fluß der Lebenskraft erkennen zu können.

Die wichtigste traditionelle Methode ist das „Reiten des Drachens". Dabei wählt man zunächst den ungefähren Ort aus, an dem z.B. ein Gebäude errichtet werden soll. Dann rennt man nacheinander von ca. einem Dutzend Orten auf dem Rand dieses Bereiches in den Kreis hinein ohne dabei zu steuern, wohin man rennt. Diese Laufwege werden markiert und am Schluß dann das Netz aus den gelaufenen Wegen betrachtet. Da man beim intuitiven Rennen („Reiten") dem Fluß der Lebenskraft („Drache") folgt, kann man auf diese Weise die Lebenskraft-Muster an dem betreffenden Ort erkennen und sehen, wo der kraftvollste Platz ist.

Eine weitere Methode ist das „energetische Feng Shui", das sich zwar auch um die materiellen Gegebenheit kümmert, aber vor allem durch konzentrierte Imagination ein Lebenskraft-Bild von dem gewünschten Zustand an dem Ort aufbaut. Dabei gibt es einige nützliche Methoden:

- Man bittet eine Gottheit um Hilfe bei dem, was man tut: den Verwandlungs-Gott Shiva, den Feuergott Agni, den Erdgott Geb usw.
- Man kann das erwünschte Idealbild an diesem Ort mit vielen Details imaginieren.
- Jedes Detail des imaginierten Bildes wird mit einer Handlung geerdet. Dies kann das Abbrennen eines Streichholzes sein (Feuer als Helfer), das Legen eines Münze auf den Boden (Metall als Helfer), das Versprühen von Wasser (Wasser als Helfer) usw. Ich persönlich finde auch das Rosen-Massageöl von Weleda sehr hilfreich, um Orte zu harmonisieren (Venus als Helfer) – dazu tupft man etwas von dem Öl auf den betreffenden Ort. Manchmal kann man auch homöopathische Mittel benutzen – z.B. Lycopodium C200, um die Ausstrahlung eines Öltanks in einem Keller zu neutralisieren (Erdöl ist aus Lycopodium-Pflanzen, d.h. aus Bärlapp-Gewächsen entstanden).
- Man kann passende Dinge an Orte stellen, um bestimmte Qualitäten an sie zu rufen.
- Man kann Lebenskraft-Verbindungen zu Bäumen, Bächen, Felsen und ähnlichem in der Nähe des Ortes, dessen Lebenskraft-Form man gestaltet, herstellen. Dadurch wird die Qualität dieser Dinge an den betreffenden Ort oder an eine bestimmte Stelle an diesem Ort gerufen.
- Bei allen Kräften, die man ruft, sollte man stets zu der Seele z.B. des Baumes (Elf), des Feuers (Feuergott Agni), des Felsens (Erdgott Geb) usw., Kontakt aufnehmen.
- In derselben Weise ist es wichtig, alles, was man tut, auf die Seele des Auftraggebers zu beziehen. Wenn die Lebenskraft-Gestaltung des Ortes der Absicht des Besitzers dieses Ortes entspricht, enthält die Gestaltung durch diese Verbindung Stabilität. Ohne diese Verbindung würde sich die Lebenskraft-Gestaltung schon nach kurzer Zeit wieder auflösen. Diese Anbindung an ein Wesen auf der Bewußtseinsseite der Welt ist bei der Herstellung magischer Gegenstände (hier die magische Prägung eines Ortes) stets der wesentliche Punkt.
- Schließlich ist es am Ende einer solchen Lebenskraft-Prägung eines Ortes sinnvoll, eine Verbindung von dem geweihten Ort zum Wurzelchakra der Erde, also zu ihrem glühenden Eisen/Nickel-Kern herzustellen. Dadurch erhält der Ort einen „Starkstrom-Anschluß", durch den alles, was man an dem Ort „installiert" hat, eine deutlich größere Kraft erhält als zuvor.

Alle diese Methoden lassen sich natürlich auch auf das „Aufladen" magischer Gegenstände übertragen.

Die Wirkung des Feng-Shui, der Orgon-Akkumulatoren und auch der Symbole beruht nicht auf einer menschlichen Tätigkeit wie z.B. einer Weihung, sondern einfach auf der Form und dem Material des Gegenstandes.

IV 4. p) Kraftplätze

Es gibt in der Natur Orte, an denen sich auf natürliche Weise viel Lebenskraft angesammelt hat. Dies können Seen sein (Sammlung, Stille), Bäche (Bewegung, Auflockerung), Berge (Festigkeit), Vulkane (Feuer, Verwandlung), Täler (Sammlung, Zusammenfügung) usw.

Die spezielle Qualität eines Ortes kann man zwar in groben Zügen durch die Betrachtung des Ortes erkennen, aber für das Erfassen der Feinheiten sind Spüren, Telepathie, Traumreisen u.ä. Methoden zu empfehlen.

IV 4. q) Voodoo-Püppchen

Die Voodoo-Püppchen sind einer der bekannteren magischen Gegenstände. Sie sind ein Püppchen, das aus den verschiedensten Materialien hergestellt werden kann und das Aussehen einer konkreten Person hat. In der Regel befindet sich zudem ein Haar o.ä. der betreffenden Person in diesem Püppchen.

Dieses Püppchen wird mit der festen Absicht und der lebhaften Imagination hergestellt, daß alles, was dem Püppchen geschieht, auch der Person, die durch das Püppchen dargestellt wird, geschieht – was auch gut funktioniert.

Dieses Verfahren ist zwar durch seine Verwendung im Voodoo bekannt geworden, aber es wurde auch schon im germanischen Nid-Zauber benutzt und ebenso im Alten Ägypten – u.a. von einem Sachmet-Priester, der den Pharao Ramses III töten und absetzen wollte.

Bei dieser Form der Magie wird das Püppchen sozusagen zu einem Zweit-Körper des Menschen, der mit dieser Methode angegriffen wird. Derartige „Zweit-Körper" sind z.B. auch die Statuen der Toten, denen man Opfergaben bringt, damit der Tote im Jenseits nicht hungern muß. Was man mit der Statue tut, geschieht auch mit dem dargestellten Menschen – egal, ob er noch lebt oder schon tot ist.

Die Götterstatuen sind eher Wohnungen als Leiber für die Götter, da die Götter keinen physischen Leib haben.

Auch die bereits beschriebene Horus-Statue ist technisch gesehen ein Voodoo-Püppchen – auch wenn sie für Heilungs-Zwecke verwendet wird.

IV 4. r)   Opfer und Menschenopfer

Eine sehr archaische Form der Weihung ist die Aufladung eines Gegenstandes durch Opfer, die man ihm darbringt. Diese Methode ist weltweit verbreitet. In der Regel werden bei einer solchen Weihung Tiere getötet und deren Lebenskraft in den Gegenstand gelenkt.

Diese Methode ist aus der Sicht eines heutigen Vegetariers natürlich extrem brutal, aber man sollte bedenken, daß sie vermutlich noch aus einer Zeit stammt, in der die Menschen zu einem großen Teil von der Jagd lebten und das Töten von Tieren daher etwas vollkommen Alltägliches gewesen ist.

Das größte derartige Opfer war das Menschenopfer. Auch diese Version ist einst weit verbreitet gewesen. Am extremsten sie bei den Azteken gewesen, die jedes Jahr einen „Blumenkrieg" geführt haben, um genügend Gefangene für ihre Menschenopfer zu bekommen.

Einige Indianerstämme in Nordamerika wie die Dakotas vertreten den Standpunkt, daß lediglich das eigene Blut ein wirkliches Opfer ist, da es sonst nichts gibt, was einem wirklich selber gehört.

Bei der „Weihung durch Opfer" wird die gesamte Lebenskraft des Opfers auf den zu weihenden Gegenstand übertragen. Dieser Gegenstand wird dadurch zwar nicht zu dem Zweitkörper z.B. der Gottheit, deren Statue auf diese Weise geweiht wird, aber die durch die auf die Statue übertragene Lebenskraft des Opfers wird die Statue lebendig, bewohnbar und einladend für die Gottheit.

IV 5.   Weitere Zusammenhänge

Im Zusammenhang mit diesen verschiedenen Methoden der Weihung gibt es einige verwandte Phänomene, die es sich zu betrachten lohnt, da sie den Vorgang der Weihung noch deutlicher werden lassen.

IV 5. a)   Weihung und Trauma

Bei einer Weihung wird Lebenskraft an einen Gegenstand gebunden. Man kann auch sagen, daß der Gegenstand mit einem Bewußtseinsinhalt verknüpft wird – dieser Bewußtseinsinhalt kann sich in der Psyche eines einzelnen Menschens (Bild) befinden oder auch im kollektiven Unterbewußtsein (Urbild, Gottheit). Diese Lebenskraft wird in dem Gegenstand fixiert.

Eine solche Fixierung von Lebenskraft findet sich auch an anderen Orten. So entsteht z.B. auch an Schlachthöfen, Gefängnissen, Folterkammern, Schützengräben Konzentrationslagern und Ähnlichem eine feste Bindung der extremen Gefühle, die Menschen dort erlebt haben, mit dem Ort selber, der dann diese Qualität annimmt. Diese Qualitäten können dann oft auch noch nach langer Zeit von Menschen an diesen Orten wahrgenommen werden. Der Ort ist durch das Ereignis zu einem magischen Ort geworden – wenn auch mit einer üblen Qualität.

Man kann diesen Vorgang mit einem Trauma in der Psyche eines Menschen vergleichen. Ein Trauma entsteht, wenn ein Mensch etwas existentiell Bedrohliches erlebt und anschließend keine Möglichkeit hat, die bei diesem Erlebnis entstandene maximale innere Anspannung wieder aufzulösen. In einem solchen Fall werden die Gefühle, die der Betreffende in der Extrem-Situation erlebt hat, fixiert und werden sozusagen zu einer Gefühls-Konservendose in der Psyche des Betreffenden.

Die oben angeführten Beispiele für eine Orts-Prägung durch Folter u.ä. kann man auch als Traumas auffassen, die nicht nur in einem Menschen, sondern auch an einem Ort fixiert worden sind. Solche Prägungen eines Ortes sind oft nur schwer auflösbar – diese Form der „Weihung" eines Ortes ist zwar nicht beabsichtigt gewesen, aber trotzdem sehr effektiv.

Bei der Bildung eines Traumas besteht in der Psyche des Betreffenden eine „Einsgerichtetheit aus Not"; bei der normalem Magie wird hingegen eine „Einsgerichtetheit aus Absicht" verwendet. Die Wirkung dieser beiden sehr verschiedenen Formen der Einsgerichtetheit ist jedoch dieselbe: effektive Magie.

IV 5. b)   Kornkreise

Wenn man einen frischen Kornkreis betritt, der gerade erst entstanden ist, spürt man sofort eine große Kraft, die wie ein elektrisches Prickeln ist, wie ein Spannungsfeld, das man betritt, wie der Übergang in einen Bereich mit einer ganz anderen Qualität. Diese „magische Ladung" eines frischen Kornkreises ist so stark, daß sie auch von vielen ungeübten Menschen, die überhaupt nicht mit einem solchen Phänomen rechnen, wahrgenommen wird.

Auch ein Kornkreis ist folglich ein magischer Gegenstand – wobei die Ansicht über denjenigen, der diesen Kornkreis „geweiht" hat, davon abhängt, welche Ansicht man zu der Entstehung von Kornkreisen hat. Mir selber erscheint das kollektive Unterbewußtsein als der wahrscheinlichste Urheber – was sonst sollte ein solches Maß an Telekinese bewerkstelligen können, das manchmal auf einer Länge von über 100 Metern Kornhalme in einer perfekten Symmetrie umknickt, ohne sie zu zerbrechen?

IV 5. c)   Auralesen

Es gibt die Möglichkeit, sich innerlich auf einen Menschen, einen Gegenstand oder einen Ort auszurichten und sich dann den Zustand und die Vorgeschichte dieses Gegenstandes, Menschen oder Ortes anzusehen. Dies funktioniert weitgehend genauso wie eine Traumreise.

Dieses Möglichkeit der Informationsbeschaffung wird manchmal (angelehnt an den englisch Sprachgebrauch) auch „Psychometrie" genannt.

Diese Möglichkeit zeigt, daß die Geschichte eines Gegenstandes oder Wesens mit diesem Ort verbunden bleibt und auch für Außenstehende wahrnehmbar ist. Ein jeder Gegenstand und ein jedes Wesen hat also eine Innenseite, die die Geschichte dieses Gegenstandes oder Wesens enthält. Wenn diese Geschichte auch für Außenstehende wahrnehmbar ist, bedeutet dies, daß es die Möglichkeit gibt, das Bewußtsein eines Betrachters vorübergehend an das Bewußtsein („Innenseite") eines jeden Gegenstandes oder Wesens zu koppeln.

Dieser Vorgang ist letztlich dasselbe, was bei einer Weihung geschieht: Ein bestimmter Bewußtseinsinhalt wird an einen Gegenstand oder an ein Wesen geheftet – bei der Weihung im Idealfall allerdings dauerhaft.

Man kann offenbar die Herstellung von geweihten, magischen Gegenständen (und auch einen großen Teil der sonstigen Magie) als die Herstellung von Verknüpfungen von einem Gegenstand oder Wesen zu externen Bewußseinsinhalten auffassen.

IV 5. d)   Weihung und Homöopathie

Die Beschreibung der Herstellung von magischen Gegenständen kann man auch für die Beschreibung der Wirkungsweise der Homöopathie benutzen.

In der Homöopathie wird eine Substanz wie z.B. Schwefel gründlich in einem festgelegten Verhältnis (z.B. 1:10) mit Milchzucker vermischt – diese Mischung würde dann „D1" (D = deka = 10) genannt. Dieses Mischen wird dann immer wieder mit demselben Mischungsverhältnis wiederholt. So wäre dann der Schwefel in einer „D4"-Potenz nur noch im Mischungsverhältnis 1:10.000 enthalten. Bei den „C"-Potenzen wird im Verhältnis 1:100 gemischt (C = centum = 100). Eine „C4"-Potenz enthält den Schwefel nur noch im Mischungsverhältnis von 1:100.000.000.

Dieses fortwährende Mischen führt dazu, daß immer weniger von dem Schwefel in der Mischung ist – bis der Schwefel schließlich nicht mehr nachweisbar ist. Durch diesen Trick erhält man eine Substanz, in der der Schwefel als Materie nicht mehr enthalten ist, sondern nur noch als Lebenskraft. Die Mischung, die chemisch gesehen schließlich nur noch Milchzucker ist, ist aber trotzdem durch den Schwefel geprägt worden.

Durch dieses Verfahren erreicht man, daß durch die Einnehme eines homöopathischen Kügelchens zwar die Lebenskraft-Wirkung des Schwefels in Gang gesetzt wird, daß man jedoch keinerlei chemisch-biologischen Reaktionen auf Schwefel hervorruft, da in dem Kügelchen kein Schwefel mehr enthalten ist.

In der Homöopathie wird also der Milchzucker als Substanz benutzt, die durch das Mischen magisch geprägt wird. Daher sind die Kügelchen magisch wirksame Gegenstände: Sie verbinden den, der sie einnimmt, mit dem Bewußtsein der Substanz, aus der die Kügelchen hergestellt worden sind – in dem hier verwendeten Beispiel mit dem „Geist des Schwefels".

An diesem Verfahren ist interessant, daß es auch ohne die Konzentration und Imagination dessen, der die Ausgangssubstanz mit dem Milchzucker mischt, funktioniert. Das Mischen an sich ist ausreichend. Das erinnert an das Feng Shui, an die Wirkung von Wiederholungen, an die Wirkung des langen Tragens eines Ringes auf diesen Ring und ähnliche Vorgänge.

Magie ist offenbar nicht darauf angewiesen, daß ein Mensch diese Magie bewußt ausübt. Das läßt sich unter anderem auch daran sehen, daß die Astrologie verläßlich funktioniert und alle Ereignisse (Transite) einschließlich des Lebenstils eines Menschen (Horoskop) prägt.

Dies ist ein Magie-Aspekt, der bei der Herstellung von magischen Gegenständen berücksichtigt werden sollte.

Die Symbole (einschließlich Gottheiten und Tempel), die homöopathischen Kügelchen und der Orgon-Akkumulator sind die drei Dinge, die aus sich heraus eine magische Wirkung haben, ohne das ein Mensch diese Wirkung durch Imagination und Konzentration erst noch hervorrufen muß. Man kann diese Wirkung am einfachsten als Verbindung zu einem Geist oder zu einer Gottheit beschreiben – also als die Koppelung des magischen Gegenstandes an ein bestimmtes Bewußtsein.

IV 5. e)   Weihung und Politik

Die meisten Politiker sind wie das Militär Pragmatiker – sie verwenden, was funktioniert. Auch Politiker benutzen die Möglichkeit, Orte zu prägen und über diesen Umweg dann auch die Menschen, die sich an diesen Orten befinden, zu lenken.

Demagogen haben schon immer große Bauten sowie Aufmärsche und dramatische Aufführungen geschätzt: Von den Spielen im Kolosseum in Rom über die Massen-Menschenopferungen in den aztekischen Tempeln bis hin zu den Massen-Veranstaltungen der Nazis.

Wieviel an bewußter magischer Prägung in diesen ritualartigen Veranstaltungen jeweils steckt, kann man oft nur schwer beurteilen – aber es hat funktioniert ...

IV 5. f)   Symbolik und Absicht

Bei den Weihungen und den Herstellungen magischer Gegenstände hat es sich gezeigt, daß es eine bestimmte Rangordnung der Einflüsse gibt:

- Die gewählte Symbolik setzt sich offenbar letztlich gegen alle anderen Einflüsse durch. Es ist daher von großer Bedeutung, daß man bei der Herstellung eines magischen Gegenstandes genau prüft, was er bewirken und können soll und welche Symbolik daher am besten zu ihm paßt.

- Die Motivation, Konzentration und Imagination dessen, der die Weihung und evtl. auch die Herstellung des Gegenstandes durchführt, ist von großer Bedeutung. Da die Intensität und Klarheit dieser drei inneren Tätigkeit jedoch sehr stark schwanken kann, kann man ihren Einfluß nicht generell definieren – je mehr, je besser. Allerdings läßt sich eine falsche Symbolik nicht durch eine intensive Imagination korrigieren.

- Die Substanzen, aus denen der Gegenstand hergestellt wird, geben der Prägung sozusagen die „Farbe". Sie bestimmen nicht, welche Wirkung der Gegenstand hat, aber immerhin, auf welche Weise er wirkt: Silber – weich; Eisen – hart; Bernstein – organisch usw.

- Das Ritual, mit dem der Gegenstand geweiht wird, lenkt die Kraft in eine bestimmte Richtung. Das Ritual ist daher ein Aspekt der Motivation, der Konzentration und der Imagination.

- Der Ort und der Zeitpunkt der Weihung bestimmen das Geburts-Horoskop des magischen Gegenstandes und prägen somit seinen Charakter. Diese Wirkung ist ähnlich wie die des Materials, aus dem der Gegenstand hergestellt worden ist: Die Symbolik bestimmt z.B., daß der Gegenstand wie ein Bär ist, aber das Horoskop kann festlegen, daß dieser Bär gesellig wie eine Waage ist (wenn der Aszendent des Horoskops des magischen Gegenstandes in der Waage steht).

IV 5. g)   Die ungewollte Weihung

Es gibt auch Weihungen, die ungewollt sind. Von diesen Weihungen sind u.a. schon die Prägung von Schmuck durch jahrelanges Tragen durch dieselbe Person und das Prägen von Orten durch die Ereignisse an ihnen genannt worden.

Es gibt bei diesem Thema noch einen weiteren Aspekt, der bisher allerdings noch kaum untersucht worden ist: Entwickelt ein Gegenstand, wenn er immer komplexer wird, eine Psyche? Und kann er deshalb schneller reagieren und schließlich auch selber aktiv werden?

Diese Fragen stellen sich vor allem bei PCs und bei dem Internet. Wenn sie aufgrund ihrer Komplexität damit beginnen, selber eine Psyche zu entwickeln, nähern sie sich dem Status eines Lebewesens an. Es ist zumindestens inzwischen allgemein bekannt, daß PCs wesentlich sensibler auf Streß reagieren als z.B. ein Tisch, der auch bei großen Streß der Menschen, die an ihm sitzen, ruhig stehenbleibt. PCs hingegen können abstürzen, sie können selbsttätig anspringen, der Prozessor kann durchbrennen und noch so einiges anderes.

Das muß jetzt allerdings nicht bedeuten, daß ein PC ein magischer Gegenstand mit einem Bewußtsein ist, das den PC befähigt, sich seiner selber bewußt zu sein – aber die Frage, was auf der Ebene der Lebenskraft und des Bewußtseins eigentlich in PCs geschieht, ist schon lohnend: Einerseits haben alle Dinge eine Bewußtseinsseite, und wenn die materielle Seite so komplex wie bei einem PC ist, wird auch die Bewußtseinsseite komplexe Strukturen enthalten. Andererseits ließen sich die Reaktionen der PCs auf menschlichen Streß aber auch durch menschliche Telekinese erklären.

Bisweilen machen PCs auch Dinge, die nur schwer erklärbar sind. So habe ich vor ca. 15 Jahren, als ich mich selbständig gemacht habe, eine Gründungs-Unterstützung beantragt. Als ich mit meinen ganzen Unterlagen vor der abschließenden

Besprechung vor dem Büro der zuständigen Sachbearbeiterin stand, wurde mir ziemlich mulmig – würde das alles klappen oder nicht? Davon hing der ganze weitere Verlauf meines Lebens ab …

Schließlich ist mir bewußt geworden, wie nervös ich war. Da habe ich mir gesagt, daß ich doch Magie gelernt habe und habe mich folglich in mir gesammelt, mein Ziel noch einmal überprüft und für richtig befunden. Daraufhin habe ich dann mein Herz-chakra strahlen lassen und habe mich einfach in dem „Ich bin Ich." verankert. Schon nach kurzer Zeit habe ich mich wie eine kleine Sonne gefühlt und auf die bevor-stehende Besprechung gefreut.

Als ich dann eingetreten war und mich gesetzt hatte, hat die Sachbearbeiterin meinen Fall in ihrem PC geöffnet. Sie blickte mit in Falten gelegter Stirn auf ihren Bildschirm, tippte eine Weile herum und sagte schließlich zu mir, daß mein Fall schon genehmigt worden sei, obwohl ich meine Unterlegen noch nicht abgegeben hatte, und daß sie auch keinen Zugriff auf diese Genehmigung habe und sie auch nicht rück-gängig machen könne – und daß das alles eigentlich gar nicht so sein könne wie es gerade ist.

Was sollte sie da noch anderes tun, als mir die Gründungs-Unterstützung zu geneh-migen?

War das ein Fall von unbewußter, aber fortgeschrittener und präziser Telekinese von mir, mit dem ich den PC umprogrammiert habe? War das ein sinnvoller Zufall, den man nicht weiter erklären kann? Oder fand der Zentral-PC des Arbeitsamtes Bonn, daß ich diese Gründungs-Unterstützung verdient hätte?

IV 5. h)   Poltergeister und Spukhäuser

Schließlich gibt es noch einen letzten Fall, der in diesen Zusammenhängen betrach-tenswert ist: die Spukhäuser. Das ist natürlich nur dann ein Thema, über das es sich nachzudenken lohnt, wenn man selber schon einmal einen solchen Spuk erlebt hat.

Da ich eine zeitlang des öfteren zu Häusern gerufen worden bin, in denen es gespukt hat, habe ich einige Phänomene gehört und teilweise auch miterlebt: Schritte auf der Treppe, auf der niemand zu sehen ist; Unsichtbare, die zu einem sprechen; Unsichtbare, die einem die Bettdecke wegziehen; ein Mordslärm in einem Zimmer, in dem sich beim Nachschauen niemanden befindet – das klingt manchmal, als ob jemand mit einer Axt die Möbel zerschlagen würde; usw.

Es gibt recht sicher zwei verschiedene Ursachen für diese Phänomene: Streß der Bewohner und die ruhelosen Geister von Verstorbenen.

Der Streß von Bewohnern tritt vor allem in der Pubertät auf – ich selber habe das Haus meiner Eltern auf diese Weise ein halbes Jahr lang mit einem Poltergeist

47

beunruhigt – dieser Poltergeist war der Streß in meiner Psyche, weshalb die heftigsten Phänomene auch in meinem Zimmer auftraten (wenn ich nicht in meinem Zimmer war).

Ähnlich heftige Phänomene sind in einem Haus im Bergischen Land aufgetreten. Nachdem ich lange Zeit vergeblich herauszufinden versucht habe, wer denn der Geist sein könnte, der die Phänomene in diesem Haus verursacht, stellte sich heraus, daß die Tochter der Frau, der das Haus gehörte, ein Verhältnis mit ihrem Stiefvater, also mit dem neuen Mann der Frau hatte. Es waren also keine Geister-Phänomene, sondern Poltergeist-Phänomene, die durch den Streß vor allem der Tochter hervorgerufen worden sind.

In einem Wohnhaus in Alfter begann es zu spuken, nachdem der Besitzer gestorben war, der in seinen letzten zehn Lebensjahren nur noch sein Haus, das er vermietet hat, als Lebensinhalt gehabt hat. Nachdem ich Kontakt mit ihm aufgenommen habe, habe ich ihm klar machen können, daß er gestorben ist – der Geist des ehemaligen Vermieters befand sich in einer Art Halbschlaf und hatte noch nicht erkannt, daß er tot war. Nach meinem „Traumreisen-Gespräch" mit ihm hörten die Spukphänomene in dem Haus auf.

Im Schloß Alfter, in dem damals ungefähr 40 Studenten gewohnt haben, gab es sehr wahrscheinlich beide Arten von Spuk-Ursachen – zum einen die Geister von zwei Studenten, die in dem Schloß Selbstmord begangen hatten, und ein ziemlich bewußter und sehr alter Geist, der dort vermutlich schon seit Hunderten von Jahren umging, und zum anderen auch den psychischen Streß der Studenten, die dort wohnten. Für das Schicken der Geister ins Jenseits habe ich mir eine Bekannte zu Hilfe geholt – das waren zu viele und zu starke Geister für einen einzelnen …

Ist ein Haus oder Schloß, in dem es spukt, auch ein magischer Gegenstand? Zumindestens sind die Spukphänomene den Eigenschaften und Fähigkeiten eines magischen Gegenstandes sehr ähnlich.

IV 6.   Die Wirkung

Eine wesentliche Frage ist bisher noch nicht betrachtet worden: Welche Eigenschaften kann ein magischer Gegenstand erhalten? Wozu ist ein solcher Gegenstand fähig? Was kann ein Magier bzw. eine Hexe mit einem solchen Gegenstand bewirken, was sie ohne ihn nicht erreichen könnte?

IV 6. a)   Mythen und magische Gegenstände

Zunächst einmal läßt sich feststellen, daß die magischen Gegenstände mit außergewöhnlichen Eigenschaften vor allem in Fantasy-Romanen auftreten. Allerdings lassen sie sich auch in einigen Mythen finden. Interessanterweise gehören diese Gegenstände in den Mythen fast immer den Göttern. Manchmal schenken die Götter diese Gegenstände dann auch den Helden, die oft die Söhne dieser Götter sind.

Die magischen Gegenstände scheinen allgemein von den Göttern zu stammen und haben ursprünglich bestimmte Aspekte der Mythen dieser Götter illustriert. Teilweise haben dann die Helden in den Mythen und Sagen bzw. die Menschen im Kult versucht, diese Götter-Gegenstände selber herzustellen. Auf diese Weise sind das magischen Schwert, der Unsterblichkeits-Trank, der Unsichtbarkeits-Umhang, der unfehlbare Pfeil, der magische Kessel usw. entstanden.

Diese Götter-Gegenstände sind folglich die Urbilder für die magischen Gegenstände, die von Menschen hergestellt worden sind. Sowohl die Entstehung dieser Urbilder als auch die Versuche, sie auch selbst als konkreten magischen Gegenstand zu erschaffen, sind eine komplexe Angelegenheit.

So sind z.B. der Unsichtbarkeits-Umhang („Tarnkappe") und die Flügelschuhe bzw. der Hexenbesen oder der fliegender Teppich beides Illustrationen der Astralreise: Der Astralkörper ist unsichtbar und kann fliegen.

Der Versuch, den Unsterblichkeitstrank herzustellen, der ursprünglich die Milch der Muttergöttin im Jenseits gewesen ist, hat zur Entstehung der Alchemie geführt. Ein Motiv, daß sich dabei nebenher entwickelt hat, ist das Gefäß für diesen Trank, der u.a. die Wurzel der Legende des Grals-Kelches ist.

Die Entstehung der Vorstellungen über bestimmte magische Gegenstände hilft aber noch nicht zu erkennen, was tatsächlich möglich ist.

IV 6. b)   Bekannte magische Eigenschaften

Wenn man sich einmal umschaut, was man heutzutage an besonderen magischen Gegenständen finden kann, kann man schon einiges entdecken, das durchaus interessant ist:

- Magische Gegenstände fühlen sich manchmal wie ein lebendiger Körper an und scheinen von einer pulsierenden Wärme erfüllt zu sein.

- Sowohl Tempel als auch Statuen können eine derart intensive Ausstrahlung haben, daß einem die Haare zu Berge stehen.

- Über einige Statuen wird berichtet, daß sie sich bewegt haben, daß über ihr Gesicht Tränen gelaufen sind u.ä. Ich habe so etwas noch nicht selber erlebt, aber da sich solche Phänomene in so unterschiedlichen Traditionen wie im Christentum, in der germanischen Religion und bei mittelamerikanischen Schamanen finden und ich auch schon von vertrauenswürdigen Magie-Kollegen solche Erlebnisse erzählt bekommen habe, scheint es mir vertretbar zu sein, von der Existenz solcher Phänomene auszugehen.
Letztlich sind solche Phänomene auch nicht sehr viel anders als die Ereignisse bei Telekinese-Experimenten und in Spukhäusern, die ich zur Genüge kenne.

- Magische Gegenstände können ausgeprägte Eigenschaften haben. So haben z.B. die Schlangenringe, die ich geschmiedet habe, die Eigenheit gehabt, daß alles, was ich mir gewünscht habe, wenn ich einen solchen Ring getragen habe, ziemlich schnell in Erfüllung gegangen ist.

- Ein Spiritus familiaris kann Aufträge ausführen – einen bestimmten Menschen in einen Unfall verwickeln, ein bestimmtes vergriffenes Buch besorgen, einen Ort schützen usw.

- Die homöopathischen Kügelchen sind magische Gegenstände, die sehr präzise Wirkungen haben.

- Eine Horus-Statue kann gegen Skorpion-Stiche helfen. Die Wirkung des Wassers, das man dabei über eine solche Statue gießt, entspricht weitgehend der Wirkung der homöopathischen Kügelchen.

- Ein Voodoo-Püppchen ist zwar anders konstruiert und ist in der Regel ein Schadenszauber, aber das Grundprinzip ist weitgehend dasselbe wie bei der Horus-Statue und bei den homöopathischen Kügelchen.

- Auch Kornkreise sind magische Gegenstände, auch wenn sie nicht von einem einzelnen Menschen erschaffen worden sind und auch keine spezifische Wirkung haben.

- Durch das energetische Feng Shui werden sehr präzise Änderungen an den Qualitäten eines Ortes vorgenommen.

- Es gibt deutlich erkennbare Kraftorte.

- In einer Schwitzhütte entsteht eine bestimmte Stimmung, wenn man das Schwitzhütten-Feuer entzündet. Zu diesem Zeitpunkt kommen auch verschiedene Geister herbei ohne daß man sie explizit herbeiruft.

Wenn man diese Beobachtungen zusammenfaßt, ergeben sich die folgenden Eigenschaften von magischen Gegenständen:

- Sie fühlen sich oft lebendig und warm an manchmal kann man ein Pulsieren in ihren spüren (Ringe, Spiritus familiaris, Kraftorte).

- Die Kraft in ihnen kann so intensiv sein, daß einem die Haare zu Berge stehen oder man spontan erst einmal zurückweicht (Tempel, Statuen, Kornkreise).

- Sie können sich aus sich heraus bewegen (Statuen, Gottheiten-Symbole).

- Sie können Wünsche erfüllen, die man ihnen sagt (Ringe, Spiritus familiaris).

- Sie haben manchmal sehr spezielle Wirkungen (homöopathische Kügelchen, Horus-Statue, Voodoo-Püppchen, energetisches Feng Shui).

- Es gibt automatische Reaktionen (Schwitzhütte).

Wenn man diese sechs Punkte zusammenfaßt, ergibt sich das Bild, daß sich magische Gegenstände wie Lebewesen verhalten: Sie enthalten Lebenskraft, fühlen sich lebendig und pulsierend an, können handeln, Ereignisse herbeiführen und haben spezielle Eigenschaften und Gewohnheiten.

Die Auffassung eines magischen Gegenstandes als eines künstlich hergestellten Lebewesens („Golem") paßt also recht gut zu den beobachtbaren Phänomenen.

Bei den hier aufgeführten Beschreibungen ist zu beachten, daß „Lebenskraft" keine sonderbare „magische Substanz" ist, sondern die Grenze zwischen Bewußtsein und Materie. Das bedeutet, daß die magischen Gegenstände mit einem für einen Gegenstand ungewöhnlich hohem Maß an Bewußtsein verbunden sind – dadurch fühlen sie sich lebendig an und können manchmal wie ein Lebewesen handeln.

Diese Beobachtung legt nahe, bei der Weihung eines Gegenstandes dessen Chakren zu imaginieren, da die Chakren die Grundstruktur der Lebenskraft sind. Mir sind allerdings noch keine Experimente mit diesem Ansatz bekannt – wenn man einmal von Erwähnungen in Romanen und Filmen absieht wie dem „Elder-Stab" in den „Harry Potter"-Filmen, der sieben Knoten hat, oder dem Stab des Apollonius von Thyana, der im Roman ebenfall sieben solcher Knoten hat.

IV 6. c)   Bekannte magische Gegenstände

Man kann als nächstes einmal schauen, welche magischen Gegenstände man finden kann, von denen man weiß, daß sie tatsächlich existiert haben und daß sie besondere Eigenschaften gehabt haben.

Zunächst einmal findet man die Götterstatuen und die Tempel sowie einige Kraftorte.

Besondere Zauberstäbe, magische Schwerter, Heilungs-Kelche und ähnliches scheint hingegen nur in Mythen, Sagen und in Fantasy-Romanen vorzukommen. Manchmal gibt es zwar sogar Listen solcher Gegenstände wie die aus der keltischen Überlieferung stammenden „Heiligtümer Britanniens" – aber diese Gegenstände liegen nicht als konkrete Gegenstände vor, die man tatsächlich besitzen und benutzen könnte.

Es gibt natürlich reichlich geweihte Gegenstände wie Zauberstäbe, Abendmahls-Kelche, Vajras und dergleichen, aber es sind keine Gegenstände bekannt, die sich durch ihre außergewöhnlich große Kraft auszeichnen – und die daher etwas sind, um dessen Besitz sich alle Magier und Hexen streiten würden.

Es gibt immerhin einige Götter-Statuen, in der die betreffende Gottheit so präsent ist, daß sie gelegentlich ein Wunder bewirkt, sich bewegt oder sonst etwas Außergewöhnliches tut. Diese Statuen rufen allerdings nicht die Besitzgier hervor, die in den Fantasy-Romanen bezüglich der magischen Gegenstände so typisch ist.

IV 6. d)   Die Größe der Wirkung

Die Größe der Wirkung, die ein magischer Gegenstand haben kann, läßt sich gar nicht so einfach beschreiben, wie es auf den ersten Blick aussehen mag – die Situationen sind meistens recht komplex …

- Mit den homöopathischen Kügelchen kann man evtl. eine Krankheit heilen, die ungeheilt zum Tod geführt hätte. Läßt sich das noch steigern? Aber ist das Einnehmen eines homöopathischen Kügelchens nicht völlig unspektakulär?

Dasselbe gilt für die Heilung von Skorpion-Bissen durch das Wasser, das man über eine Horus-Statue gegossen hat.

Das Gegenstück dazu wäre der Mord mithilfe eines Voodoo-Püppchens.

Einige Nummern kleiner, aber trotzdem noch beachtlich, ist das Herbeiführen von sinnvollen Zufällen z.B. durch einen Spiritus familiaris.

- Man kann die Größe einer Wirkung auch daran messen, wie sehr sie den physikalischen Gesetzen widerspricht. Da wäre die Eigenbewegung einer Statue ein prägnanter Fall.

- Schließlich kann man noch den markanten Charakter eines Gegenstandes wie z.B. einer Statue, eines Tempels oder eines homöopathischen Kügelchens als eine große Wirkung auffassen.

Solche Dinge wie die aus Fantasy-Romanen bekannten Phänomene wie die Lichtstrahlen, die von Zauberstäben ausgesendet werden, sucht man in der Realität hingegen vergeblich.

IV 6. e)   Die Möglichkeiten der magischen Gegenstände

Schließlich bleibt noch die Frage übrig, was ein Magier mit einem solchen magischen Gegenstand bewirken kann, was er ohne ihn nicht erreichen könnte?

Dafür kann man wieder einmal in die Überlieferung schauen und prüfen, ob irgendwo magische Gegenstände auftauchen, die die Menschen, die Wunder vollbracht haben, für ihre außergewöhnliche Magie unabdingbar gebraucht haben. Einen solcher Fall scheint es nicht zu geben. Die Männer und Frauen, über die Wunder berichtet werden, haben dies alle ohne Zuhilfenahme von besonderen Gegenständen und auch ohne besondere Rituale getan – einfach so …

Das bedeutet, daß magische Gegenstände zwar durchaus eine Hilfe sein können, daß ihr Besitz allein jedoch nicht die Grundlage für außergewöhnliche Magie sein kann.

IV 7. Der Aufbau einer Weihung

Auch wenn der letzte Abschnitt ergeben hat, daß die Wirkung von magischen Gegenständen begrenzt ist (vor allem im Vergleich zu solchen Gegenständen in Fantasy-Romanen), können sie trotzdem hier und da nützlich sein. Es lohnt sich also, die Herstellung solcher Gegenstände einmal möglichst allgemeingültig, aber zugleich auch präzise zu beschreiben.

Der erste Punkt, den man klären sollte, ist die Motivation: Was will man? Ist das schon das eigentliche Ziel oder nur ein Schritt zu dem Ziel? Was will man letztendlich erreichen?

Der wichtigste Punkt bei der Umsetzung ist den bisherigen Betrachtungen zufolge die richtige Symbolik, da sich diese gegen alle anderen Elemente bei der Herstellung eines magischen Gegenstandes durchsetzt.
Man sollte daher am besten ausreichend Sachkenntnis über Symbole und Mythen besitzen.

Es ist interessant, daß es einige effektive Weihungen gibt, die nur aus einer solchen Symbolik bzw. Verbindung bestehen wie z.B. die Herstellung von homöopathischen Kügelchen. Wenn ein Gegenstand erfolgreich mit einem Bewußtsein verbunden worden ist, wird dieser Gegenstand magisch, d.h. er folgt in seinem Verhalten dem betreffenden Bewußtsein.
Bei den homöopathischen Kügelchen wird diese Verbindung in den meisten Fällen zu einem Tier, einer Pflanze oder einem Mineral hergestellt – dann ist das Bewußtsein, mit dem das Kügelchen verbunden ist, die Tier-Muttergöttin, der Pflanzen-Elf oder der Mineralien-Zwerg.
Bei einer Statue, einem Tempel, bei den meisten Talismanen u.ä. ist das Bewußtsein, zu dem eine Verbindung hergestellt wird, eine Gottheit.

Bei den meisten magischen Gegenständen gibt es eine rituelle Weihung, d.h. das Herbeirufen von Lebenskraft bzw. einer Gottheit, einem Planeten, einem Element, einem Geist o.ä. Dieses Herbeirufen ist sozusagen eine „Invokation in den Gegenstand hinein". Dafür benötigt man Konzentration und Imagination.
Bei dem Aufbau eines solchen Rituals kann man durchaus kreativ werden und schauen, welche Symboliken, Mythen u.ä. die magische Prägung des Gegenstandes fördern könnten. Dann stellt man alle diese Elemente in einer sinnvollen Reihenfolge zusammen, die am besten einen Spannungsbogen enthalten und vom allgemeinen zum Speziellen führen sollte: erst eine Anrufung des Feuers, dann eine Anrufung des Planeten Mars und schließlich eine Invokation des griechischen Kriegsgottes Ares.

Wenn es eine traditionelle Form der Weihung eines bestimmten Gegenstandes wie z.B. eines Vajras gibt, sollte man diese Weihung benutzen – sie wird wahrscheinlich sehr effektiv sein.

Dasselbe gilt auch für alte Anrufungen, Hymnen an Götter, Zaubersprüche, Pyramidentexte und ähnliches. In der Regel sind diese Texte wirkungsvoll, weil sie durch ihr hohes Alter schon oft gelesen und benutzt worden sind und dadurch eine große „Resonanz" haben.

Auch das Wiederholen der Weihung kann förderlich sein, also z.B. das tägliche Rufen von Feuer, Mars und Ares in eine Statue des Ares, von Luft, Merkur und Hermes in eine Hermes-Statue, von Wasser, Mond und Isis in eine Isis-Statue usw.

Wenn die Innigkeit und Intensität der Anrufung groß ist, kommt es gar nicht so sehr darauf an, was man als Gegenstand ausgewählt hat. In Tibet heißt es dazu recht treffend: „Durch Verehrung kann man auch einen Hundeknochen zum Leuchten bringen."

Da es sehr viele verschiedene Dinge gibt, die man zu magischen Gegenständen machen könnte, gibt es letztlich kein allgemeingültiges Rezept für die Weihung.

Bei einer Statue ist letztlich die Invokation am wichtigsten – vorzugsweise hin und wieder auch mit einer Gruppe von Menschen. Auch innere Gespräche mit dieser Gottheit, Traumreisen zu ihr, Familienaufstellungen mit ihr als Thema u.ä. können die „magische Aufladung" einer Statue fördern.

Bei einem Tempel wird man wahrscheinlich in so gut wie allen Fällen die verschiedenen Teile des Tempels und ihre Symbolik aussprechen und imaginieren und dabei die Gottheiten, die mit diesem Tempelteil möglicherweise assoziiert sind, anrufen und um Unterstützung bitten.

Bei einem Talisman steht ebenfalls die Anrufung der Gottheit im Zentrum, die dem Wunsch, der durch den Talisman ausgedrückt wird, Kraft geben soll.

Manche magischen Gegenstände wie der Torque (Jenseitsreise-Ring) der Kelten und Germanen sind aus der Mode gekommen, weil sie mehr ein Zeichen für die erlebte Jenseitsreise (Astralreise) gewesen sind als etwas, was selber eine Wirkung hat. Dasselbe gilt auch für den Zauberstab, der im Wesentlichen das Symbol für die Verbindung zu den Göttern ist, aber nicht selber diese Verbindung herstellt.

- - -

Letztlich ist der schon mehrfach angesprochene Punkt der Bewußtseins-Verbindung am wichtigsten: Eine Statue der ägyptischen Löwengöttin Sachmet, in die über längere Zeit hinweg die Göttin Sachmet hereingerufen worden ist, erhält eine Ausstrahlung, die nicht mißzuverstehen ist.

Je größer und umfassender das Bewußtsein ist, das den geweihten Gegenstand als Leib übernimmt, desto größer wird die Kraft dieses Gegenstandes und desto mehr kann er bewirken.

Eine Statue der Maria an einem Walfahrtsort wird so oft als „Tor zu Maria" angesehen, daß diese Statue schließlich so intensiv mit der „Göttin" Maria verbunden ist, daß diese Statue (d.h. Maria, die diese Statue als Leib angenommen hat) die Bitten, die an sie gerichtet werden, auch erfüllt.

Dasselbe gilt auch von Pan-Statuen, Freyr-Statuen, Amaterasu-Statuen, Quetzalcoatl-Statuen usw. Der wichtige Punkt ist, daß eine solche Statuen nicht einfach nur ein Stück Metall, Ton oder Holz sind, sondern daß sie zu einer „bewohnten Statue" werden, wenn jemand die betreffende Gottheit oft und intensiv genug in diese Statue hineingerufen hat.

IV 8.   Risiken und Nebenwirkungen

Es gibt bei der Herstellung magischer Gegenstände durchaus auch Risiken und Nebenwirkungen. Diese ergeben sich vor allem durch unsachgemäßes Vorgehen. Das läßt sich am besten anhand von einigen Beispielen erklären.

IV 8. a)   Der Spiritus familiaris

Eins der gravierendsten Probleme entsteht, wenn man die eigene Lebenskraft benutzt, um einen magischen Gegenstand aufzuladen – wie dies z.B. bei einem Spiritus familiaris der Fall ist.

Da die Lebenskraft keine „magische Substanz" ist, sondern einfach die direkte Wahrnehmung der Materie durch das Bewußtsein, weitet man durch die Aufladung einer Statuette mit der eigenen Lebenskraft das eigene Bewußtsein auf die Statuette aus – man macht die Statuette zu einem Teil des eigenen Körpers.

Das ist derselbe Vorgang wie bei der Hypnose, bei man auch das eigene Bewußtsein auf den Körper eines anderen ausweitet. Auch bei der Telepathie und bei der Telekinese gibt es diese Ausweitung des Bewußtseins. Allerdings ist die Bewußtseinsausweitung auf einen Spiritus familiaris dauerhaft und nicht vorübergehend gedacht wie bei der Telepathie, der Telekinese und der Hypnose. Man erschafft sich durch einen Spiritus familiaris sozusagen einen zusätzlichen dritten Arm.

Wenn sich ein Teil des eigenen Bewußtseins dauerhaft nicht mehr im eigenen Körper, sondern in der Statuette des Spiritus familiaris befindet, grenzt sich dieser Teil des eigenen Bewußtseins natürlich mit der Zeit von dem übrigen Bewußtsein ab, wird eigenständiger und entwickelt eine Eigendynamik. Das muß natürlich nicht gleich zu einer Schizophrenie führen, aber es kann doch zu einem Unruheherd in dem eigenen Bewußtsein werden.

Wenn man dann beschließen sollte, diesen Spiritus familiaris wieder aufzulösen, kann sich das anfühlen, als würde man ein liebgewonnenes Haustier töten oder als würde man sich selber einen Arm amputieren.

Die dauerhafte Ausweitung des eigenen Bewußtseins auf einen Gegenstand bzw. die dauerhafte Übertragung eines Teiles des eigenen Bewußtseins auf einen Gegenstand kann zu Schwierigkeiten führen, weil man diesen Gegenstand schließlich als einen Teil des eigenen Körpers erlebt. Dann können durchaus auch Abhängigkeits-Phänomene auftreten.

IV 8. b)   Die Schlangenringe

Dasselbe wie für einen Spiritus familiaris gilt auch für andere Gegenstände, die man selber gewollt oder ungewollt mit der eigenen Lebenskraft aufgeladen hat – auf die man also das eigene Bewußtsein ausgeweitet und sie daher zu einem Teil des eigenen Körpers gemacht hat. Auch das Einschmelzen der bereits erwähnten Schlangenringe war mit einem sehr intensiven Gefühl der Selbstamputation und der Selbstverstümmelung verbunden.

Das Gefühl der Abhängigkeit von einem Gegenstand und der Sucht nach ihm wird im „Herr der Ringe" ja ausführlich und ziemlich treffend beschrieben …

Das zweite Problem, das im Zusammenhang mit den Schlangenringen aufgetaucht ist, war die unpassende Symbolik der Ringe:

1. Das Problem war das Waldsterben durch den sauren Regen. Der Wald brauchte jedoch nicht mehr Kraft, um dem sauren Regen standhalten zu können, sondern weniger Schwefel in den Abgasen, damit der Regen nicht mehr sauer wird.

2. Die Schlangen symbolisieren durchaus auch die Kraft der Erde – insofern paßten sie zu der Idee, den Wald stärken zu wollen (auch wenn der Wald in Wirklichkeit weniger Schwefel brauchte). Allerdings habe ich die Schlangenringe als geschlossene Ringe geschmiedet – sie bissen sich selber in den Schwanz und waren daher gefangen und nicht frei. Dadurch habe ich mit den Ringen die gefangene Schlangenkraft und nicht die freie Schlangenkraft gerufen.

3. Ich habe zwölf Ringe mit einem Turmalin auf dem Schlangenkopf und einen größeren, dreizehnten Ring mit einem Rubin auf dem Schlangenkopf geschmiedet, der im Zentrum von Deutschland auf dem Vogelsberg vergraben werden sollte. Ich habe diesen dreizehnten Ring jedoch immer bei mir behalten und ich habe einen von den zwölf Ringe oft getragen statt ihn an seinem Platz zu vergraben. Und mir sind die großen Ähnlichkeiten mit den Ringen aus dem „Herrn der Ringe" nie aufgefallen …

4. Wenn ich auch nur einmal meine Gefühle für diese Ringe genauer betrachtet hätte, wäre mir aufgefallen, daß sie mit meinem Gefühl, stets das Opfer zu sein, verbunden gewesen sind, und zudem auch noch mit meiner damals ziemlich massiv verdrängten Sexualität. Dazu paßte der geschlossene Schlangenring, also die Symbolik der gefangene Schlangenkraft ausgesprochen präzise.

Die Schlangenringe waren also zum einen das falsche Medikament für die Krankheit des Waldes, zum anderen ein falsch hergestelltes Medikament (die falsche

Symbolik), und drittens noch auf intensive Weise sowohl mit den Schattenseiten meiner eigenen Psyche als auch mit allgemein bekannten Mythen („Herr der Ringe") verbunden. So konnten sie nicht funktionieren.

Das nächste Problem tauchte auf, als die ersten Menschen Traumreisen zu diesen Ringen unternommen und dabei Wesen getroffen haben, die gar nicht hilfreich, sondern ausgesprochen dominant wirkten. Da die Ringe unbewußt auch dazu gedient haben, meine eigenen Ohnmachtsgefühle zu kompensieren, war es logisch, daß diese Ringe Wesen angezogen haben, die machtgierig waren. Und Sauron, der „Herr der Ringe", ist ja geradezu zu einem Urbild für ein extrem dominantes Wesen geworden.

Nachdem mehrere Menschen diese Wahrnehmung von dominanten, herrschsüchtigen Wesen, die mit den Ringen verbunden gewesen sind, bestätigt hatten, hat ein großer Teil der an dem Ringe-Projekt beteiligten Menschen beschlossen, daß die Ringe zerstört werden müssen. Wie man aufgrund der Beschreibungen im „Herr der Ringe" erwarten kann, habe ich mich lange Zeit mit Händen und Füßen dagegen gesträubt. Aber schließlich habe ich nachgegeben und zugestimmt.

Die Ringe waren allerdings inzwischen so stark geworden, daß sie sich auch selber gegen ihre Zerstörung gewehrt haben – auch das ist ja aus dem „Herr der Ringe" gut bekannt. Auf der Fahrt mit dem Auto zu einem der Ringe hat sich auf der Autobahn ein Autoreifen aufgelöst, was jedoch gerade noch rechtzeitig vor dem Platzen des Reifens bemerkt worden ist. Auf dem Weg zu einem Ring-Platz fiel bei Windstille plötzlich ein riesiger Baum vor der Gruppe, die dort hinging, um. Ähnliche Ereignisse gab es noch mehr.

Als ich dann schließlich alle dreizehn Ringe auf meinem Schmiedetisch liegen hatte und sie eingeschmolzen habe (wie Frodo im Schicksalsberg), war das, als ob ich mir einen Arm abschneiden und all meine Macht verlieren würde. Ich war damals so verzweifelt, daß ich den Silberklumpen mit den zwölf Turmalinen und dem einen Rubin in ihm einfach ins Klo geworfen und abgespült habe. Doch eine Viertelstunde später kam eine meiner Schwestern vorbei und gab mir diesen Silberklumpen und sagte, daß sie ihn auf dem Fußboden des Bades gefunden hatte und daß er mir wohl aus der Tasche gefallen sein müßte.

Da bin ich mit dem Rad zum Rhein gefahren und habe ihn von der Rheinbrücke aus im Rhein versenkt – von wo aus er nicht mehr zu mir zurückgekommen ist. Mir ist damals noch nicht bewußt gewesen, daß auch der Nibelungenhort am Loreley-Felsen im Rhein versenkt worden ist und daß das Wertvollste in diesem Hort der Ring des Tyr-Hreidmar und des Loki gewesen ist. Offenbar stand ich auch noch in Resonanz mit den germanischen Mythen, die ja auch die Wurzeln von Tolkiens „Herr der Ringe" sind.

Das einzig Gute, was sich über diese ganze Ring-Geschichte sagen läßt, ist, daß ich dabei viel über Magie gelernt habe. Anschließend habe ich beschlossen, erst einmal sehr gründlich alle alten Mythen und Symboliken zu studieren, damit mir etwas derartiges nicht noch einmal passiert.

Solch einen großen Aufwand, der dann letztlich zu nichts geführt hat, sollte man doch nach Möglichkeit vermeiden ...

IV 8. c) Der Tempel

Eine weitere Art von Problem kann auftreten, wenn man Talismane falsch anfertigt oder die mit ihnen verbunden Wünsche falsch formuliert. Wenn man z.B. einen Jupiter-Talisman aus Zinn herstellt, weil man einen Tempel finden will, kann es sein, das man das Bedürfnis der Beteiligen nach einem Tempel falsch eingeschätzt hat, daß die Beteiligten ihn gar nicht finanzieren können, daß einige Teilnehmer wieder abgesprungen sind, daß der Mietvertrag sehr lange läuft usw.

Diese Art von Problem läßt sich vermeiden, wenn man bei Talismanen (und auch allgemein in der Magie) nicht eine ganz präzise Formulierung wählt, sondern eine von Selbstliebe getragene allgemeinere Formulierung, die das Beste und Passende herbeiwünscht. Der wichtige Punkt dabei ist das Getragensein von Selbstliebe – wenn dies die Motivation ist, wird auch das Ergebnis der Magie etwas sein, was man von Herzen genießen kann.

IV 8. d) Die homöopathische Mittelprüfung

In der Homöopathie gewinnt man die Kenntnis über die Wirkung der verschiedenen Kügelchen dadurch, daß man eine bisher nicht verwendete Substanz nimmt und aus ihr Kügelchen herstellt – z.B. aus dem chemischen Element Wismut. Dann nehmen mehrere Homöopathen bei einem Arbeitstreffen diese Kügelchen ein und notieren über mehrere Tagen hinweg alles, was ihnen auffällt – Träume, Ereignisse, körperliche Beschwerden, soziale Vorkommnisse usw. Dies wird dann anschließend zusammengefaßt.

Diese Mittelbeschreibung wird dann benutzt, um zu schauen, ob ein Patient genau die bei der Wismut-Mittelprüfung aufgetretenen Symptome hat. Wenn das zutreffen sollte, erhält dieser Patient homöopathische Wismut-Kügelchen, um seine Heilung voranzutreiben.

Bei der Prüfung eines bis dahin noch unbekannten Mittels wie in diesem Beispiel des Wismuts treten bei den Prüfern all die Symptome auf, die dann später bei den

Patienten durch dieses Mittel geheilt werden können. Die Prüfer schlucken also einen ihnen unbekannten magischen Gegenstand (hier die Wismut-Kügelchen) und warten, was da kommt. Ganz schön mutig ...

Das kann manchmal auch zu längeren Krankheiten, körperlichen Beschwerden, veränderten psychischen oder sozialen Verhaltensweisen wie z.B. Jähzorn oder Eifersucht führen. Dann befinden sich die Prüfer auf einmal mitten in Goethes „Zauberlehrling": Sie werden die Geister, die sie gerufen haben, nicht mehr los – jedenfalls nicht so schnell. Manchmal lassen die Symptome, die durch das Einnehmen der Kügelchen aufgetreten sind, schon bald wieder nach, aber manchmal hat man auch mehrere Jahre mit den Nachwirkungen zu tun.

IV 8. e) Schadenszauber

Auch bei Schadenszaubern werden magische Gegenstände verwendet – der bekannteste von ihnen ist sicherlich das Voodoo-Püppchen.

Es gibt jedoch auch andere Methoden wie z.B. den Zettel mit dem Fluch, der unter der Türschwelle eines Feindes versteckt wird.

Dann gibt es auch noch einige Methoden, mit denen andere Menschen abhängig gemacht werden sollen – insbesondere in angestrebten Beziehungen. Dabei wird oft eine intensive Verbindung hergestellt, indem der Magier der Frau etwas von seinem Samen in einer Speise verborgen zu essen gibt bzw. indem die Hexe dem Mann etwas von ihrem Menstruationsblut in einer Speise verborgen zu essen gibt.

Bei diesen Methoden wird jedesmal eine Verbindung zwischen zwei Menschen hergestellt, die letztlich dazu dient, daß der Magier bzw. die Hexe es leichter hat, ihr Bewußtsein auf den anderen auszudehnen und den anderen dazu bringen, das zu tun, was der Magier bzw. die Hexe will. Man kann die genannten Methoden also auch als Hypnose-Hilfsmittel ansehen.

Diese Methoden haben zwei Nachteile:

> - Zum einen verstärkt man durch Methoden, bei denen man einen Zwang auf andere ausübt, in sich selber das Grundgefühl des Mangels, das sich nur durch Macht und Gewalt (vorübergehend) füllen läßt – was letztlich das eigentliche Problem nur verstärkt.
>
> - Zum anderen kann das Opfer, wenn es ebenfalls etwas von Magie versteht oder sich fachkundige Hilfe holt, mithilfe der magischen Verbindung, die zuvor von dem Magier bzw. der Hexe hergestellt worden ist, nun seinerseits recht einfach zu einem Gegenangriff übergehen.

IV 8. f)   Die unerwartet große Wirkung

Die Wirkung eines Spiritus familiaris läßt sich nicht unbedingt präzise dosieren – wenn man auf jemanden wütend ist und dann den Spiritus familiaris mit den übelsten Wünschen auf ihn hetzt, kann es geschehen, daß man nach eine Weile erfährt, daß der Betreffende einen Auto-Unfall hatte, daß sich seine Frau von ihm getrennt hat, daß seine Firma pleite gemacht hat und daß bei ihm ein unheilbarer Krebs diagnostiziert worden ist. Dann steht man da und kann sich fragen, ob das exakt das gewesen ist, was man gewollt hat – und ob man all das tatsächlich verursacht hat oder ob ein Teil davon auch ohne das eigene Zutun geschehen wäre …

Natürlich müssen nicht immer derart verheerende Wirkungen eintreten, wenn man einen Spiritus familiaris aussendet oder wenn man einen formalen Fluch ausspricht und ihn mithilfe eines Gegenstandes an einen „Feind" heftet – aber es kommt durchaus vor.

Das sollte man idealerweise vorher bedenken.

V Die Notwendigkeit von magischen Gegenständen

Nach all diesen Betrachtungen stellt sich natürlich auch die Frage, ob man eigentlich magische Gegenstände braucht.

Manche magischen Gegenstände wie Statuen und Tempel sind ausgesprochen nützlich und erleichtern das gemeinsame Ritual und den Kontakt zu einer Gottheit (insbesondere für Ungeübte).

Dann gibt es auch Menschen, für die es sich als praktisch erwiesen hat, wenn sie für jeden Geist und jeden Gott, zu dem sie Kontakt haben, ein Symbol erschaffen, der dann ein Tor zu diesem Wesen ist. Das wäre dann das Vorgehen eines Fetisch-Priesters. Das Gegenstück wäre der hinduistische oder buddhistische Yogi, der ohne jeglichen Besitz am Waldrand sitzt und meditiert.

Für die meisten Menschen ist eine Haltung irgendwo zwischen dem Fetisch-Priester und dem besitzlosen Yogi das Passende. Wo genau dieser passende Ort ist, muß jeder für sich selber herausfinden – vielleicht unterscheidet sich das auch von Situation zu Situation.

Generell kann man sagen, daß es keinen Zauber gibt, bei dem man unbedingt einen magischen Gegenstand braucht – andererseits gibt es vermutlich aber auch keinen Zauber, bei dem man keinerlei magische Gegenstände benutzen könnte. Sie sind weder unentbehrlich noch nutzlos, sondern eben Hilfsmittel, die man, wenn man möchte, verwenden kann.

Wie bei so vielem ist es letztlich eine Frage des persönlichen Stils, wie man vorgeht und ob man dabei dabei magische Gegenstände verwendet.

In der Magie sind zum einen die Ausweitung des eigenen Bewußtseins auf ein anderes Wesen/Gegenstand und zum anderen die Herstellung einer Verbindung zu einem Geist/Gott die grundlegenden Methoden der Einflußnahme. Daher spielen in der Magie auch Gegenstände, die mit einem Geist oder einer Gottheit verbunden worden sind, immer wieder eine Rolle.

Diese magischen Gegenstände sind jedoch immer nur Hilfsmittel. Das eigentlich Aktive ist der handelnde Mensch bzw. der Geist oder die Gottheit – die evtl. ihr Bewußtsein auf einen Gegenstand ausgeweitet haben.

Bücher von Harry Eilenstein

„Magie für Anfänger"	Magie

- Telepathie für Anfänger (60 S.)
- Telepathie für Fortgeschrittene (52 S.)
- Telekinese für Anfänger (52 S.)
- Lebenskraft für Anfänger (60 S.)
- Meditation für Anfänger (56 S.)
- Hypnose für Anfänger (56 S.)
- Auto-Movement für Anfänger (56 S.)
- Chakra-Magie für Anfänger (148 S.)
- Astralreisen für Anfänger (56 S.)
- Ritual-Magie für Anfänger (56 S.)
- Mandalas für Anfänger (68 S.)
- Geldzauber für Anfänger (56 S.)
- Liebeszauber für Anfänger (52 S.)
- Evokationen für Anfänger (60 S.)
- Elfen für Anfänger (56 S.)
- Magie-Forschung für Anfänger (140 S.)
- Selbsterkenntnis für Anfänger (52 S.)
- Zahlensymbolik für Anfänger (60 S.)
- Die Sprache des Mondes – für Anfänger (116 S.)
- Zaubergesänge für Anfänger (100 S.)
- Zukunftschau für Anfänger (60 S.)
- Schamanismus für Anfänger (52 S.)
- Magische Gegenstände für Anfänger (68 S.)
- Astralreisen für Anfänger (56 S.)
- Da'ath-Magie für Anfänger (64 S.)
- Magie für Anfänger – Sammelband I (696 S.)
- Magie für Anfänger – Sammelband II (664 S.)
	- Handbuch für Zauberlehrlinge (408 S.)
	- Tarot (104 S.)
	- Physik und Magie (184 S.)
	- Die Magie-Formel (156 S.)
	- Krafttiere – Tiergöttinnen – Tiertänze (112 S.)
	- Schwitzhütten (524 S.)
	
	Meditation
	- Der Lebenskraftkörper (230 S.)
	- Die Chakren (100 S.)
	- Das Chakren-System mit den Nebenchakren (296 S.)
	- Organe und Chakren (64 S.)
	- Meditation (140 S.)
	- Drachenfeuer (124 S.)
	- Reinkarnation (156 S.)
	- einsgerichtet (140 S.)
	
	Astrologie
	- Astrologie (496 S.)
	- Photo-Astrologie (428 S.)
	- Die astrologischen Aspekte (88 S.)
	- Horoskop und Seele (120 S.)
	
	Kabbala
	- Kursus der praktischen Kabbala (150 S.)
	- Eltern der Erde (450 S.)
	- Blüten des Lebensbaumes:
	  - Die Struktur des kabbalistischen Lebensbaumes (370 S.)
	  - Der kabbalistische Lebensbaum als Forschungshilfsmittel (580 S.)
	  - Der kabbalistische Lebensbaum als spirituelle Landkarte (520 S.)

Bücher von Harry Eilenstein

Religion allgemein

- Die sieben Schritte des Lebens (428 S.)
- Muttergöttin und Schamanen (168 S.)
- Göbekli Tepe (472 S.)
- Die Göttin von Göbekli Tepe (144 S.)
- Totempfähle (440 S.)
- Christus (60 S.)
- Dakini (80 S.)
- Vajra (76 S.)

Ägypten

- Hathor und Re 1: Götter und Mythen im Alten Ägypten (432 S.)
- Hathor und Re 2: Die altägyptische Religion – Ursprünge, Kult und Magie (396 S.)
- Isis (508 S.)

Indogermanen

- Die Entwicklung der indogermanischen Religionen (700 S.)
- Wurzeln und Zweige der indogermanischen Religion (224 S.)

Germanen

- Die Götter der Germanen (87 Bände)
- Odin (300 S.)

Kelten

- Cernunnos (690 S.)
- Der Kessel von Gundestrup (220 S.)
- Der Chiemsee-Kessel (76)

Psychologie

- Über die Freude (100 S.)
- Das Geheimnis des inneren Friedens (252 S.)
- Das Beziehungsmandala (52 S.)
- Gefühle und ihre Verwandlungen (404 S.)
- einsgerichtet (140 S.)
- Liebe und Eigenständigkeit (216 S.)
- Von innerer Fülle zu äußerem Gedeihen (52 S.)

Heilung

- Die Symbolik der Krankheiten (76 S.)

Kunst

- Herz des Tanzes – Tanz des Herzens (160 S.)

Drama

- König Athelstan (104 S.)

Die Themen der 87 Bände der Reihe „Die Götter der Germanen"

1. Die Entwicklung der germanischen Religion
2. Lexikon der germanischen Religion
3. Der ursprüngliche Göttervater Tyr
4. Tyr in der Unterwelt: der Schmied Wieland
5. Tyr in der Unterwelt: der Riesenkönig   Teil 1
6. Tyr in der Unterwelt: der Riesenkönig   Teil 2
7. Tyr in der Unterwelt: der Zwergenkönig
8. Der Himmelswächter Heimdall
9. Der Sommergott Baldur
10. Der Meeresgott: Ägir, Hler und Njörd
11. Der Eibengott Ullr
12. Die Zwillingsgötter Alcis
13. Der neue Göttervater Odin   Teil 1
14. Der neue Göttervater Odin   Teil 2
15. Der Fruchtbarkeitsgott Freyr
16. Der Chaos-Gott Loki
17. Der Donnergott Thor
18. Der Priestergott Hönir
19. Die Göttersöhne
20. Die unbekannteren Götter
21. Die Göttermutter Frigg
22. Die Liebesgöttin: Freya und Menglöd
23. Die Erdgöttinnen
24. Die Korngöttin Sif
25. Die Apfel-Göttin Idun
26. Die Hügelgrab-Jenseitsgöttin Hel
27. Die Meeres-Jenseitsgöttin Ran
28. Die unbekannteren Jenseitsgöttinnen
29. Die unbekannteren Göttinnen
30. Die Nornen
31. Die Walküren
32. Die Zwerge
33. Der Urriese Ymir
34. Die Riesen
35. Die Riesinnen
36. Mythologische Wesen
37. Mythologische Priester und Priesterinnen
38. Sigurd/Siegfried
39. Helden und Göttersöhne
40. Die Symbolik der Vögel und Insekten
41. Die Symbolik der Schlangen, Drachen und Ungeheuer
42.a Die Symbolik der Herdentiere I
42.b Die Symbolik der Herdentiere II
43. Die Symbolik der Raubtiere
44. Die Symbolik der Wassertiere und sonstigen Tiere
45. Die Symbolik der Pflanzen
46. Die Symbolik der Farben
47. Die Symbolik der Zahlen
48. Die Symbolik von Sonne, Mond und Sternen
49.a Das Jenseits I – Das Hügelgrab
49.b Das Jenseits II – Der Jenseitsweg
50. Seelenvogel, Utiseta und Einweihung
51. Wiederzeugung und Wiedergeburt
52. Elemente der Kosmologie
53. Der Weltenbaum
54. Die Symbolik der Himmelsrichtungen und der Jahreszeiten
55.a Mythologische Motive I
55.b Mythologische Motive II
56. Der Tempel
57. Die Einrichtung des Tempels
58. Priesterin – Seherin – Zauberin – Hexe
59. Priester – Seher – Zauberer
60. Rituelle Kleidung und Schmuck
61. Skalden und Skaldinnen
62. Kriegerinnen und Ekstase-Krieger
63. Die Symbolik der Körperteile
64.a Magie und Ritual I
64.b Magie und Ritual II
64.c Magie und Ritual III
65. Gestaltwandlungen
66.a Magische Angriffs-Waffen
66.b Magische Verteidigungs-Waffen
67. Magische Werkzeuge und Gegenstände
68. Zaubersprüche
69. Göttermet
70. Zaubertränke
71. Träume, Omen und Orakel
72. Runen
73. Sozial-religiöse Rituale
74. Weisheiten und Sprichworte
75. Kenningar
76. Rätsel
77. Die vollständige Edda des Snorri Sturluson
78. Frühe Skaldenlieder
79.a Mythologische Sagas I
79.b Mythologische Sagas II
80. Hymnen an die germanischen Götter